W0415178

Werner Lindemann

Mike Oldfield im Schaukelstuhl

Werner Lindemann

Mike Oldfield im Schaukelstuhl

Notizen eines Vaters

Buchverlag
Der Morgen
Berlin

ISBN 3-371-00188-1

© Buchverlag Der Morgen, Berlin 1988

Junge Bäume haben Mühe, hochzukommen
im Schatten der alten.

September

Der goldene erste Septembertag. Heute sind es sieben Jahre, die ich dieses Haus bewohne. Ich höre noch, wie der Vorsitzende der Genossenschaft sagt: »Kannste haben, zieh ein; wenn keiner drin wohnt, ist es in wenigen Wochen abgerissen.«

Sieben Jahre, und nie ist mir diese Landschaft eintönig gewesen. Auch heute möchte ich beim Anblick des wolkendurchwachsenen Himmels rufen: Mein Gott, ist das schön!

Ich sitze unter dem borkigen Boskoopbaum, befeile Gedichte, kann mich schwer konzentrieren. Die Stille ist so tief, daß ich hören kann, wie die Äpfel Sonne trinken.

In der Dachkammer Gepolter und Gehämmer. Mein Sohn Timm ist eingezogen. Kommenden Montag wird er in aller Frühe vier Kilometer mit dem Fahrrad über den Feldweg radeln. Im Nachbardorf hat die Genossenschaft ihre Stellmacherwerkstatt. Dort wird der Junge arbeiten.

Wird es gut gehen mit uns unter einem Dach?

Ich kenne das: abgeschieden leben, allein arbeiten. Ich kann die Welt vergessen, wenn ich am Schreibtisch hocke. Aber ich bin auch schon verzweifelt aus meinem Zimmer geflüchtet, habe händeringend auf eine menschliche Stimme gewartet, bin von Sehnsucht gedemütigt worden, bevor am Wochenende Frau und Tochter aus der Stadtwohnung gekommen sind.

Timm ist ein Kind der Stadt und erst neunzehn.

Erinnere mich an einen Satz von Tibull: »Sei in der Einsamkeit dir selbst ein ganzer Klan.«

Das Einfache, das schwer zu machen ist. Der Mensch ist ein kollektives Wesen.

»Mußt dich morgen polizeilich anmelden.«

»Hat Zeit.«

»Das hat keine Zeit! – Das muß geregelt sein.«

»Bei euch muß alles geregelt sein.«

Am Fernseher das nächste Gerangel. Er will einen Krimi sehen, ich eine Dokumentation über den Kriegsbeginn gegen die Sowjetunion. Knöchelhart poche ich auf mein Recht. Mein Sohn fügt sich mürrisch.

Dialog nach dem Film: »Sauerei, was die Deutschen getan haben. Und du bist nicht dagegen aufgetreten?«

»Ich war fünfzehn.«

»Gegen den Krieg kann man auch mit fünfzehn etwas tun.«

Ich verdrücke mich wortlos in mein Zimmer und denke: Die Schule hat ihm kein reales Geschichtsbild vermittelt; er weiß nur etwas über den Widerstandskampf.

Eine jähe Erkenntnis: Die Kluft zwischen Timm und mir ist breit und tief. Was weiß er über mich? – Was weiß ich über ihn? Der Junge hat in den vergangenen Jahren seltener an meinem Tisch gesessen, als der Vollmond am Himmel erschienen ist. In der Kinder- und Jugendsportschule war er beinahe jedes Wochenende gefordert: Schwimmtraining, Reisen, Wettkämpfe. Die gemeinsamen Tage in der Stadtwohnung könnte ich zählen; ich habe seit eh und je lieber hier draußen in unserem alten Bauernhaus zwischen den Weidenhügeln gesessen.

Ich muß mehr mit dem Jungen reden. Bloß wie?

In-die-Knie-geh-Wetter. Oder sehe ich das so, weil ich nach schlafloser Nacht mürrisch aus den Federn gekrochen bin?

Timm verläßt pfeifend das Haus, grußlos. Ich

schlurfe hängeköpfig hinterher, um mich auf dem Feldweg wach pusten zu lassen. An der Hohlwegabfahrt knurre ich ein paar Flüche, weil sich der Kerl nicht noch einmal umdreht.

Auf der goldenen Weizenähre am Feldrain der Kohlweißling, flügelschlagend.

Ob er sich am Duft des Brotkorns berauscht?

Die Dachkammer. Unter dem Fenster Timms selbstgebaute Liege – eine breite Lümmelwiese. Um den Schornstein herum der Kachelofen, die Ofenbank. An der einen Wand ein Regal mit Vasen, Leuchtern, Fotos, Steinen. An der anderen Wand Poster, Boxhandschuhe, eine alte Ofenkachel, Expander, leere alte Rahmen. Ein warmes, recht geschmackvolles Nest. Aber warum soviel Krimskrams an den Wänden?

Am Abend auf meine Frage seine Antwort: »Soll ich mir etwa ein koloriertes Foto vom Staatsratsvorsitzenden hinhängen?«

Timm tritt prustend in das Haus, wirft Rucksack ab und Wattejacke, schüttelt die Gummistiefel von den Beinen, leckt Regentropfen von den Lippen.

Drei Tage Facharbeiter – ein bewegendes Erlebnis?

Mein Sohn antwortet: »Na ja.«

Ich halte ihm das Handtuch hin. Er weist es zurück. »Bin doch kein kleines Kind.«

* *

Erinnerung

Ein eisiger Januartag einundvierzig. Eine Zeitung hat eine Lehrstelle für einen Landarbeitslehrling offeriert.

Mutter: »Das wäre doch was für dich.«

Vater: »Da fahren wir hin.«

Ich werde frisch gebadet und in den einzigen besten Anzug gesteckt. Vater holt die Sonntagshose, das karierte Jackett und die Joppe aus dem Kleiderschrank. Mit dem völlig vereisten Frühzug bummeln wir vierzig Kilometer nordwärts. Unser Ziel: eine kleine Bahnstation mitten in einer tischflachen Ebene ohne Baum und Strauch. Die Straße zum Dorf – ein schnurgerader, sechs Kilometer langer Strich mit hohen Schneewehen. Der frostharte Sturm peitscht unsere Gesichter, kriecht durch jede Mantelpore, schlüpft in jeden Knopflochschlitz.

Im zweiten Drittel des Weges kann ich nicht mehr, will nicht mehr. Meine Wangen brennen. Die Hände sind steif. Die Ohren sind weiß vor Kälte. Vater reibt mein Gesicht, gibt mir seine Handschuhe und tröstet mich mit dem Gedanken an die warme Küche des Bauern, macht mir Mut mit der Vorstellung, daß wir eine Tasse warme Milch trinken werden.

Blaugefroren und erschöpft kommen wir endlich zum Gehöft. Vater klopft an die Tür. Die öffnet sich einen Spalt. Vater hält die Zeitungsannonce hin und sagt: »Wir kommen ...«

»Die Lehrstelle ist schon weg«, unterbricht ihn eine energische Stimme. Dann wird die Tür wieder zugeschlagen.

Und da sehe ich zum ersten Male die Augen meines Vaters feucht werden.

Und da ist mir Vater der beste Freund auf Erden, und auch ich kann die Tränen nicht mehr halten.

Erinnerung

Herbst einundvierzig. Ich lerne bei einem Großbauern als Landwirtschaftslehrling. Jeden Morgen, auch sonntags, ist kurz nach drei für mich die Nacht zu Ende. Ich muß ein Pferd anschirren und mit einer alten Postkutsche drei Kilometer zum Bahnhof fahren, Pakete und Briefsäcke zum Vieruhrzug bringen, Post abholen. »Lohnfuhre« nennt der Bauer diese Arbeit, die er für das Postamt des Ackerbürgerstädtchens erledigen läßt.

Mein erstes Frühstück bekomme ich nach der Fahrt, gegen sieben Uhr: einen Teller Mehlsuppe und eine Scheibe trocken Brot. Die Lebensmittelkarte gibt nicht mehr her. Den Schinken und die Wurst des hausgeschlachteten Schweins ißt der Bauer mit seiner Familie allein. Sie frühstückt, wenn die zwei Landjahrmädchen, der Lehrling und die beiden polnischen Kriegsgefangenen bei der Arbeit sind.

Ein eisiger Wintermorgen. Ich wickle mich auf dem Kutschbock in die wärmende Pferdedecke aus Sackleinen und überlasse mich meiner Müdigkeit. Das Pferd kennt den Weg bis zum Bahnhof.

Mich weckt ein schmerzhaftes Brennen im Gesicht. Ich reiße die Decke vom Kopf. Neben der Postkutsche der Bauer mit dem Fahrrad. In seiner Hand die Peitsche. »Du verfluchter Sauhund! Dir werd ich beibringen, bei der Arbeit nicht zu schlafen.«

* *

Ich habe das Abendessen vorbereitet: eine Platte mit belegten Broten, daneben eine Vase mit Astern, eine brennende Kerze.

Timm: »Feierst du ein neues Buch?«

»Nein, ich möchte mit dir essen.«

Er steckt eine dralle Tomate in den Mund, setzt sich und mampfelt: »Urst gemütlich bei uns.«

Nach dem Essen streunen wir – ach, wann hat uns ein Spätnachmittag so ausgelassen beieinander gesehen? – unter den Buchen im EIKENKAMP umher und suchen Pilze. Uns begleitet die Abendsonne, über uns steht unser immer wieder einmaliger mecklenburgischer Wanderwolkenhimmel. Das erste gestürzte Laub raschelt. In den Baumkronen rauscht der einschlafende Wind.

Leichtfüßig unser Gespräch über Pilzsorten, Bäume, Unterwuchs. Empörung über faulende Holzstapel, die von den Waldarbeitern bewußt oder unbewußt vergessen worden sind, über den Revierförster, der diese Schlamperei duldet. Dabei füllen sich unsere Körbe mit Steinpilzen, Rotfußröhrlingen, Ziegenlippen.

Ich bin glücklich und zufrieden, mein Sohn, wie es scheint, auch.

Die kleine Fichtenschonung. Die Netze der Spinnen zwischen den Zweigen hängen voll Tau; sie glänzen wie Schneeflecken.

Eine Voranzeige des Winters.

* *

Erinnerung

In der sinkenden Sonne die vergoldeten Kiefernkronen. Die Borke knistert. Der schwere Duft des Nadelbodens. Mit meinem Sohn bummle ich von Moosbank zu Moosbank; unsere Augen spähen nach den gelben Krauskronen der Pfifferlinge. Auch Fliegenpilze marschieren in Kolonnen über den Waldboden. Mein Junge reißt sie von den Stielen und klatscht die bunten Kappen gegen die Baumstämme.

»Warum?« frage ich. »Sie sehen doch schön aus.«

»Aber sie sind giftig; was giftig ist, zermatsche ich.«

* *

Diese Unruhe jetzt unter dem Dach.

Sobald Timm im Hause ist, höre ich ihn husten, poltern, pochen, schlurren; ich horche auf, wenn die Treppenstufen knarren, Türen schlagen. Ist er zur Arbeit, beschäftigen sich meine Gedanken mit ihm.

Wäre er bloß in der Stadtwohnung geblieben, hätte als Bautischler beim Wohnungsbaukombinat gearbeitet!

Nein, gut, daß er bei mir wohnt. Er bringt frischen Wind in die Stille des Hauses. Mein Tagesablauf wird minutiöser als bisher: halb sechs aufstehen, zwanzig vor sechs Kaffee trinken, fünf vor sechs zum Schreibtisch gehen und arbeiten bis gegen zwölf. Nach dem Essen: Hausarbeit, Gartenarbeit, Essen kochen für kommende Tage, Eintöpfe, vor allem Bohnen, Erbsen, Möhren, Kraut. Wenn notwendig, Post beantworten, einkaufen, viel lesen.

Unter dem Wildbirnbaum der gelbe Teppich aus Früchten, als wäre eine volle Fuhre umgekippt. An den Zweigen hängen noch, wie schwere Honigtropfen, die Holzbirnen. Wie verschwenderisch doch dieser Baum Jahr für Jahr um Nachwuchs besorgt ist; tausende Jungbäume müßten aufschießen in seiner Nähe.

Ein Wildling ist aufgegangen. Und der hat Mühe, hochzukommen im Schatten des Alten.

Meine stille Insel wird jeden Tag einmal erschüttert. Vorgestern zieht der Bursche meine Socken an, weil seine kaputt sind. Gestern läßt er sämtliche Lampen im Hause brennen. Jetzt spuckt er mit wollüstigem Vergnügen Kirschkerne in das Fell der Katze.

Wie erwachsen ist dieser erwachsene Junge eigentlich?

Meine Insel – ich muß mir endlich abgewöhnen, »meine« zu sagen, mehr noch: »meine« zu denken.

Zur Zeit beinahe der einzige Treffpunkt: der Abendbrottisch. Ich habe in den vergangenen Tagen wiederholt nachdenken müssen über den Vorwurf, daß ich nichts gegen die Nazis und den Krieg getan habe. Beim Essen versuche ich, über meine Kindheit zu sprechen: Ungedämpfter Diensteifer im »Jungvolk«, Begeisterung für den »Führer«, zielstrebige Bemühungen um den Nachweis, daß meine Vorfahren Arier waren.

Ich rede über meine Eltern, Gutsarbeiter voller Demut. Sie meinten, dieser Hitler bringe den kleinen Leuten Arbeit und Brot. Bald aber verkriechen sie sich hinter ihrer Angst, schweigen oder flüstern: »Muß er die Juden umbringen lassen? – Warum fängt er mit aller Welt Streit an? – Uns ging es doch gut. – Der Krieg ist verloren. – Die Russen werden kommen; das ist unser Ende.«

Mein Sohn hört ein Weilchen zu, steht auf, gähnt und geht aus dem Zimmer.

Beleidigt laufe ich bis zum Wildbirnbaum und zurück. Dabei dämmert in mir die Erkenntnis: Wenn die Erde gefroren ist, läßt sich kein Weizen säen.

Im Hausflur H., der Treckerfahrer. Er hält mir einen Nistkasten entgegen. »Der lag am Feldrand unter der Kopfweide. Hängst ihn wieder auf? Du hast doch eine Leiter.«

H. – immer gewissenhaft, aufmerksam. Manche seiner Kollegen nennen ihn Suffkopp, weil er gelegentlich einen zuviel hebt.

Vier Schnitzel gebraten. Dazu aufgetischt: Käse, Wurst, Brot, Tomaten, Butter.

Timm: »Wer soll das essen?«

Ich erinnere ihn daran, daß er als Leistungsschwimmer einmal damit prahlte, zehn Koteletts verdrückt zu haben.

Er ißt drei. Und er rülpst wie ein Schaf beim Wiederkäuen. Will er mich herausfordern? Imponiergehabe? Ich tue, als hätte ich keine Ohren. Dann probier ich auch: Luft in die Speiseröhre würgen, wieder herausdrücken. Ich schaffe nur ein erbärmliches Gequacker.

Timm lächelt. »Gelernt ist gelernt.«

* *

ERINNERUNG

Abendessen in unserer Wohnküche. Es gibt Schwarzsauer mit Kartoffelklößen. Ich habe am Nachmittag mit Mutter einen Schlitten voll Kneisterholz aus dem Walde geschleppt, bin hungrig wie ein junger Wolf, zutsche die warme Pampe aus gekochtem Entenblut mit Birnenstückchen und Entenkleinfleisch in mich hinein, achte nicht auf Vaters mahnende Blicke und lande plötzlich mit der vollen Breitseite des Gesichtes im Teller.

* *

Zwei Buchlesungen in der Schule in P. Zunächst eine achte Klasse. Die jungen Leute sitzen da mit der Frage in ihren schönen, offenen Gesichtern: Na, was hast du zu bieten? Ich sporne mich an zum Sprung über die Hürde erster Beklemmung, trage Gedichte vor; Nonsens- und Schulgedichte; Poesie als Herz- und Denkvergnügen.

Wie befreit und unbekümmert diese Umbruchstimmen lachen, wie kindlich diese flaumbärtigen Burschen fragen, antworten und gucken können. Minuten darauf an den Treppenabsätzen verhalten sie sich wie aufgestellte, regulierende Warntafeln: Pausenaufsicht.

Fragen der Schüler an den Schriftsteller.

»Liebt Ihre Frau in Ihnen mehr den Dichter oder den Mann?«

»Haben Sie schon einmal ein Gedicht über Erich Honecker geschrieben?«

»Essen Sie auch gern Makkaroni?«

He, hier spielt die Musik! möchte ich der Klassenleiterin zurufen, die in der hintersten Bankreihe sitzt und Hefte korrigiert.

Ich trage das ALPHABET DER BÄUME vor, frage nach einem Baum mit dem Anfangsbuchstaben F.

Ein Junge: »Pflaume.«

Gelächter, das sehr langsam verebbt. Da sehe ich, wie der kopfrote Bursche von seiner Nachbarin angestoßen wird, und höre: »Blödmann, mußt doch wissen, daß Pflaume mit V geschrieben wird.«

Frage an einen Jungen: »Was macht euer Schulkabarett?«

»Nichts mehr.«

»Warum?«

»Der Direktor hat alles gestrichen, was kritisch war.«

Auf dem Schulhof unter einer Linde die Raucher, vor allem Mädchen. Ein abstoßendes Bild. Meine Vorstellung: Eine Mutter, auf dem linken Arm das Kind, in der rechten Hand die Zigarette.

In einem Papierkorb Brote. In den Dörfern wird es an das Vieh verfüttert, in den Städten fliegt es in die Müllkübel. Der Staat stützt den Brotpreis. Auch in den Behältern vor dem Speiseraum Kartoffeln, Fleisch.

»Bei Ihnen wird ja allerhand weggeworfen«, sage ich zur Köchin.

»Ach«, antwortet die freundliche, rundliche Frau, »da hab ich gar nichts dagegen, bleibt wenigstens was für meine Schweine.«

Am Nachmittag die Hortklassen zwei bis vier. Bevor die Buchlesung beginnt, blättere ich in einem Mitteilungsheft, lese die Beiträge, die ein Junge – wie er mir sagt – auf Anweisung seiner Klassenleiterin hat schreiben müssen:

»Liebe Eltern, ich hab eine Pfütze mit Steinen beworfen.«

»Liebe Eltern, ich wahr in dieser Woche ser liehb.«

»Liebe Eltern, ich hab meine Hausaufgaben nich volstendig un eine Seite im Miteilungsheft rausgerisen.«

Dann ein Eintrag der Mutter: »Liebe Frau Gärtner, ich habe die Unehrlichkeit mit Mathias ausgewertet.«

Antwort der Lehrerin: »Werte Frau Schlimme, wenn Sie das Mitteilungsheft immer kontrollieren, bekommt Mathias wieder die richtige Richtung.«

Ein lockenköpfiges Mädchen lacht laut über mein Froschgedicht. Die Lehrerin packt das Kind am Arm und zischt: »Wenn du nicht gleich ruhig bist, gehst du raus.«

Der Totschlag eines Lachens.

Ich schlucke meine Empörung herunter; ich habe das Gefühl: Diese Frau ist dumm wie ein Konsumbrot.

Selbstmordeinsam.

Ich begleite meinen Sohn bis vor die Haustür. Der Sturm stürzt auf mich, als wollte er mir das Mark aus den Knochen polken.

Timm stürzt in das wütende Wetter: Regengüsse, Orkanböen vom Meer her. Meine Bewunderung fährt ein Stückchen mit. Dann werfe ich mich in mein Wetter: Windstille am Schreibtisch. Ich nehme den Kampf mit dem unbeschriebenen Blatt Papier auf. Nach zwei Stunden ist der Papierkorb voll, der Kopf leer.

Gegen Gedankenträgheit hilft Bewegung.

Über die Hügel hinweg haben die Mähdrescher goldene Striche gezogen: Strohschwad an Strohschwad.

Der Wind spielt Himmelhüpfen.

Ich hüpfe mit.

Gegen Mittag wieder an den Schreibtisch. Ich kriege keine brauchbare Zeile auf den Schreibblock.

Arbeit – quälendes Bemühen.

Ich sitze seit Monaten an einer neuen Gedichtsammlung für Kinder, vor allem Naturgedichte, eine Reihe Versuche über Schulprobleme. Etwa hundert Entwürfe liegen vor. Ich werde mindestens noch einmal soviel erfinden müssen, damit meine Lektorin auswählen kann. Ich habe noch nie ein Gedichtbuch allein komponiert; mir fehlt der Sinn für Ordnung.

Mein Hauptproblem beim Schreiben: Worüber? – Wie?

Nach meiner Meinung läßt sich für Kinder über alles schreiben, wenn die entsprechende Form gefunden ist.

Vorläufige Erkenntnis: Schreib so einfach wie möglich, so kompliziert wie nötig, schreib konkret.

Gedichtentwurf:

Material

Schlechtes Schülermaterial,
sagt die Direktorin.
Sie meint die siebte Klasse.
Ob das am Elternmaterial liegt?
Oder am Lehrermaterial?

Ich finde großes Vergnügen an diesem Versuch. Ob es Kinder auch finden?

In der Dachkammer laute Musik. Immer dasselbe.

Warum hört der Bursche nicht einmal klassische Werke?

Aber so sollte ich wohl nicht fragen; jede Jugend hat ihre Musikideale. Was zu meiner Zeit die Polka, der Tango und der Marschwalzer waren, ist heute die Rock-Musik.

Ich steige in die Dachkammer. »Kannst nicht mal etwas anderes hören?«

Antwort: »Mir gefällt das hier.«

Mein Sohn schaltet das Radio aus, den Fernseher ein; eine Unterhaltungssendung.

Die Gehässigkeit in mir hetzt: Noch eine Flasche Bier, die Filzlatschen, und schon ist der neunzehnjährige Spießer fertig. Hat der Bursche keine Ansprüche? Genügt dieses Leben, um erfüllt zu leben?

Vielleicht hat der große Teil der Menschen wirklich keine Lust mehr zu geistfordernder Unterhaltung, wenn er acht Stunden hart gearbeitet hat.

Der hohe Schädel, die wulstige Nase, kantige Lippen, blanke, graue, etwas melancholische Augen – mein Junge.

Wie ein fremder Besucher hockt er neben mir, pustet Zigarettenrauch in mein Gesicht, als wollte er mich aus dem Zimmer nebeln. Ich höre kaum auf das, was im Fernseher läuft; meine Gedanken umkreisen den einen Punkt: Wie mache ich mir meinen Sohn zum Freund?

O, bitte, bitte, Hanni, bitte hab mich lieb.
Laß mich nachts zu dir gehn wie ein echter Dieb.
Bitte, bitte, Hanni, bitte hab mich lieb.
Ich will auch ganz still sein, ich sag nichts.
Ich komm gegen Mitternacht.
Elvis auf dem Poster lacht,
deine Eltern schlafen brav, die guten.
»Love me Tender« legst du auf,

und ich schleich auf Strümpfen rauf.
Mach es vorher aus, das Licht –
ich verlauf mich nicht.

Und das über den Fernseher für die »gebildete Nation«; und die wehrt sich nicht dagegen. Dieses Sprachgemantsche liegt sogar gedruckt vor.

Soll mein Freund und Minister H. bloß nicht wieder über Papiermangel klagen.

Frage an meinen Sohn: »Gefällt dir dieser Unsinn?«
Antwort: »Es gibt Besseres.«

Durchblättere alte Manuskripte. Finde Gedichte über Timm:

Ich will ihm ein Märchen vorlesen.
Es beginnt wie immer: Es war einmal ...
Er fällt mir ins Wort:
Haste nicht mal ein Märchen von jetzt?

Ich bin außer mir,
drohe ihm mit einer Strafe;
er hat meterlang die Tapete bemalt.
Habe gearbeitet, sagt er.
Bin ich berechtigt,
Arbeit zu bestrafen?

Timm liest die Gedichte und sagt lächelnd: »Du hast mir oft den Arsch versohlt.«

In einer Zeitschrift lese ich: »Mit zunehmendem Alter verstehen unsere Kinder die Ideale des Kommunismus immer besser und begeistern sich für sie.«

So kann nur formulieren, wer vor Begeisterung nichts mehr denkt und nichts mehr sieht.

Ich kenne Kinder, die gar nichts vom Kommunismus begreifen.

Der Wunsch als Vater des Gedankens bringt noch keine wünschenswerte Realität hervor. Es hat sich inzwischen herumgesprochen, wie kompliziert es ist, die großartige kommunistische Idee »Alles mit dem Volke – alles für das Volk« zu verwirklichen.

Alles mit dem Volke heißt für manche Leute: Nur über meinen Schreibtisch.

Alles für das Volk bedeutet für viele Menschen: Alles für mich.

Die Ideale des Kommunismus – dieser Gedanke beschäftigt mich ständig. Wie muß kommunistische Moral aussehen? Wird beispielsweise die Bescheidenheit noch in künftige Moralvorstellungen passen?

Auf jeden Fall setzt kommunistische Moral voraus, ehrlich und fleißig zu arbeiten, den anderen Menschen zu achten und für ihn einzustehen.

Vielleicht sollte mit der Frage der Moral der »Kategorische Imperativ« von Kant immer wieder bedacht werden: »Handle so, daß die Maxime deines Willens jederzeit zugleich zum Prinzip einer allgemeinen Gesetzgebung dienen könnte.«

* *

ERINNERUNG

Eine Großstadt am Tage eines internationalen Fußballspiels. Johlend, Schalmeien blasend, Bier trinkend, ziehen junge Leute durch die Straßen, schwenken Fahnen, lähmen den Verkehr. Als hätte sich die Hälfte der Jugend unseres Landes in dieser Bezirksmetropole zusammengerottet.

An einer Straßenkreuzung, auf dem Geländer der Fußgängerbegrenzung hocken drei junge Männer, angetrunken. Eine alte Frau bleibt in ihrer Nähe stehen und fragt zögernd, ob sie die leeren Bierflaschen aus der Gosse mitnehmen darf. Einer der Jungen läßt eine noch halbgefüllte Pulle aus der gestreckten Hand fallen und lallt: »Da, Oma, hast noch eine.«

* *

Erschreckend die vielen Superlative in unseren Zeitungen: unumstößlich, unverbrüchlich, ewig, nie wieder, für alle Zeit, allmächtig, allerhöchste, unauslöschlich, noch höher, noch tiefer ...

Aus solchen Wörtern grinst Dogmatik.

Am Abendhimmel ein Bild, das ich, soweit ich mich erinnern kann, so exakt zum ersten Male sehe: Das hohe Gewölbe wie durch einen beinahe geraden Zaun in zwei Lager geteilt.

Das eine – schwarzgrau – eine Gewitterwand.

Das andere tiefblau.

Die Gewitterwand überschüttet mich mit Regen, aus dem Blauhimmel gießt die Sonne warmes Licht.

Das Gewitter ist davongezogen. Der Wind sortiert seine Ernte: Die Wiese voller Äpfel, Blätter am Wege, einige trockene Äste unter der Eiche.

Seitdem mein Sohn am Abendbrottisch sitzt, redet er wie ein Wasserfall. Ich erfahre, daß er mit einem greisen Stellmachergesellen zusammen arbeitet. Der Mann ist heute dreiundsiebzig geworden; die beiden haben ein paar vom harten Weißen getrunken. Timm schimpft auf die Leitung der Genossenschaft, die nicht gratuliert hat.

Ich gebe zu bedenken, daß ein Geburtstag vergessen werden kann.

Mein Sohn wettert erbarmungslos: »Aber nicht ein Dreiundsiebzigster. – Die denken nur an sich. – Als seine Frau im Krankenhaus gelegen hat, ist auch keiner hingefahren. – Das sind für mich keine Leiter.«

Ich rate, in der kommenden Vollversammlung darüber zu sprechen.

Darauf mein Sohn: »Ich werde mich hüten; die würden mich striezen, wo sie können.«

Striezen – diese Erfahrung hat der Junge wohl schon bei der Leistungsschwimmerei gemacht. Einmal sollte er bei einem Wettkampf unbedingt den zweiten, auf keinen Fall den ersten Platz belegen. Natürlich vergaß er das im Schwimmbecken, wurde Erster und bekam einen Anpfiff wegen Disziplinlosigkeit. Und immer, wenn er künftig bei einem Wettkampf versagte, schikanierte ihn der Trainer mit längerer Übungszeit und stichelte: »Wenn du siegen sollst, siegst du nicht.«

Eine tiefgreifende Erkenntnis des Jungfacharbeiters Timm: Der Monat ist lang, die Geldscheinreihe, die ihm heute ausgezahlt worden ist, sehr kurz.

Ich betrachte das Geld und sage: »Da bleibt nicht viel zum Sparen.«

Darauf mein Sohn mit der Frage: »Muß man denn im Sozialismus noch ein Sparbuch haben?«

Sonnabendvormittag. In der Haustür ein dunkelblondes Mädchen mit einem schönen, ovalen Gesicht, blitzenden Augen.

»Ich möchte zu Timm.«

»Er schläft noch.«

»Macht nichts; er weiß, daß ich komme.«

Ich zeige zur Dachbodentür. Bevor ich noch einmal Luft holen kann, ist das forsche Kind an mir vorbei.

Mein moralischer Zeigefinger polkt an meinem Gehirnkasten herum: Hat die allen Anstand zu Hause gelassen? – Wer ist sie? – Eine Schulfreundin? – Eine Geliebte?

Welch ein Selbstbewußtsein.

Beim Mittagessen erfahre ich: M. aus R.; bleibt bis Sonntagabend. Ich möchte aus der Haut fahren. Wieso werde ich nicht informiert? Warum fragt der Bursche nicht, ob das Mädchen bei ihm schlafen darf? Er liest wohl meine Fragen aus meinen Augen, lächelt mich dreist an und spricht: »Na, soll ich mich etwa auf die Wiese legen mit ihr?«

Das Ende der Gedankenkette, an der ich den Tag über hämmere: Junge Leute sind wohl heute so.

* *

ERINNERUNG

Die ersten Nachkriegstage. Ich wohne bei einem Onkel in der benachbarten Kleinstadt, weil dort die Amerikaner sind, in unserem Dorfe aber die Russen. Weil die Amerikaner keine jungen Leute mehr aus den Häusern holen und in Gefangenschaft schicken, aber die Russen, weil, weil ... Die Greuelpropaganda treibt rosige Blüten.

Sooft ich kann, gehe ich spazieren, trödle herum, genieße meine Genesung, eine leichte Splitterverwundung unter dem rechten Knie, mit der ich mich von der letzten Kampfstellung an der Oder, immer vor der sowjetischen Armee her flüchtend, bis vor unsere Haustür gequält habe. Nicht selten begleitet mich ein vierjähriger Junge aus dem Nachbarhause. Seine Mutter ist Kriegerwitwe, dreißig, schwarzhaarig wie eine Zigeunerin. Sie liegt nach einer Woche Bekanntschaft mit mir im frühlingsfrischen Grase hinter den Weidenbüschen am Fluß, reißt hastig meine Kleider vom Leibe, stürzt sich auf mich und bringt mir bei, wozu ein junger Mann geschaffen ist.

Und nun treiben wir es immer wieder unter den Ufersträuchern, bis zur Erschöpfung. Die Schwarzhaarige wohnt bei ihrer Mutter; im Hause geht's nicht; was sollen die Leute denken? Sie ist zehn Jahre älter als ich. Und überhaupt – der Mann ist erst vierundvierzig gefallen.

* *

Vor der Haustür unsere drei Katzen: Mulle, Billi, Puschi. Sie betteln, als wäre die Milch nur für sie gemolken worden. Ach, diese eleganten Schmeichler! Ich stelle den unverwüstlichen, haustreuen Mäusejägern eine Schüssel mit Nahrung auf den Tritt und sehe zufrieden zu, wie sie schlabbern.

Zur Geschichte des Menschen gehört die der Katze. Zahllos die Erzählungen und Episoden, Fabeln und Gedichte über dieses Tier.

Wie viele Freundschaften zwischen Mensch und Katze: Mohammed hatte eine als Lieblingstier. Die germanische Göttin der Liebe, Freyja, hatte zwei dieser geschmeidigen Wesen vor ihrem Wagen, wenn sie den Göttersitz Walhalla verließ.

Welch eine Wertschätzung der Katze: Bei den Ägyptern war sie heiliggesprochen; wer eine Katze tötete, mußte mit dem Leben bezahlen.

Ich könnte mir nicht vorstellen, ohne eine Katze in diesem Hause zu leben.

* *

Erinnerung

Der Betonmischer gurgelt, mahlt, blubbert. Eine Weile rennt die kleine, graue Katze gegen die Drehrichtung, immer am inneren Rande des Mischerbauches entlang.

Hastet wie ein Goldhamster im Sprossenrad. Aber dann werden ihre Beine schwer. Kalter Zementbrei schwabbt auf Kopf und Rücken. Kraftlos tatzt die Katze nach einem Halt in der kreisenden, schlurrenden Tonne. Wird immer wieder mitgerissen vom gluckernden Betonschlamm. Blickt mit schreckgeweiteten Augen in das Gesicht des Menschen, der sie beim Genick gepackt, auf den Arm gesetzt, wenige Male zartsam gestreichelt und dann – schwupp – in den offenen Schlund der laufenden Mischertonne geworfen hat. Mitten hinein in die Masse aus Wasser, Kies und Zement.

Erschöpft und willenlos läßt sie sich nun schleifen, die kleine, graue Katze. Wird gerollt, gedreht, geschoben. Sieht noch einmal in das Gesicht des Menschen, der sehr blaue Augen, ein sonnenbraunes Gesicht und leuchtend weiße Zähne hat. Der die Mütze keß in den Nacken geschoben trägt und scheppernd lacht.

Oktober

Steige nach Mitternacht aus dem Bett, erfülle mir den lang gehegten Wunsch, bei Vollmond durch den Hohlweg zum Dorf und zurückzugehen.

Wie viele Stimmen hat die Nacht: Der Waldkauz schreit, ein Rehbock bellt, Wildentenflügel klingeln, Hunde kläffen. Das Mummeln eines fernen Zuges.

Flugwetter.

Am nächtlichen Himmel durchbricht ein Düsenflugzeug die Schallmauer. Kurz danach ein Kondensstreifen, wie eine Girlande um den Mond gewunden.

Wer mag in diesem Flugapparat sitzen? Ein Glücklicher? Ein Unglücklicher?

Flieger – wie ich Einsamkeitsarbeiter. Da ist zwar die Verbindung mit der Bodenstation, aber die Maschine beherrschen ist seine Aufgabe.

Meine Bewunderung für Männer, die so viel Technik bezwingen. Meine Hochachtung für diese Piloten, die angesichts der Grenzenlosigkeit des Himmels diszipliniert und selbstbeherrscht die Befehle der Flugleitzentrale befolgen.

Bei Timm im Zimmer leise Musik. Ist er noch munter? Die Uhr zeigt die zweite Morgenstunde an.

Ich öffne die Tür. Der Junge liegt in Arbeitskleidung eingeschlafen auf seiner Matratze. Ich decke ihn zu, schalte das Radio aus.

Ich lebe falsch, esse morgens nichts, abends viel. Ärgere mich über schreckliche Träume, über den Speck auf den Rippen. Wie oft hat Großmutter gesagt: morgens wie ein König, mittags wie ein Bürger, abends wie ein Bettelmann.

Hat es genützt?

Der Schafbock ist mit dem Kopf durch den Zaun gebrochen, um an die Grünkohlpflanzen heranzukommen. Er hat sie, soweit er sie erreicht hat, abgefressen. Nun steht er hilflos da und bemüht sich vergeblich, den Schädel wieder zurückzuziehen; die Hörner sind im Wege.

Mein Sohn befreit ihn aus der Klemme mit der Bemerkung: »Was nützt dir nun der volle Bauch ohne Kopf, dummer Bock!«

Timm wie immer zu spät aus seinem Zimmer.

Mein vorwurfsvoller Blick. Seine Antwort: »Ich hab heute null Bock auf Arbeit.«

»Null Bock« – noch nie gehört; ich muß lächeln.

»Du kannst doch nicht immer auf den letzten Drükker kommen.«

Timm greift nach der Kaffeetasse. »Scheißleben! – Immer bloß nach der Uhr.«

Da hab ich gedacht, die Sportschule hat ihn ein bißchen diszipliniert. Irrtum. Er kommt mir vor wie ein Fohlen nach langen Wintermonaten in der Stallbox: Rast über die frühlingsgrüne Koppel, schlägt nach allen Seiten aus, wiehert, furzt die Lust der erlangten Freiheit in den Himmel.

Die Stimme meiner Gewissenhaftigkeit fragt: Was dagegen tun?

Schweigen?

Ermahnen?

Die Trommel der Moral pauken? – Schließlich leben wir unter einem Dach; soll er doch von mir denken, was er will.

Ich schreibe ein Gedicht:

Sei pünktlich um acht in der Schule.
Sei pünktlich um vier am Warenhaus.
Sei pünktlich um sechs zu Hause,
sonst darfst du morgen nicht raus.

Mir geht das Wort pünktlich auf den Magen.
Ich kann es nicht mehr ertragen.
Läuft denn das Leben nur
nach der Uhr?

Selten, daß ich in fünf Minuten ein Gedicht hinschreibe. Meist sitze ich tagelang an meinen Versuchen.

Ob ich es Timm zeige? Es könnte ihn bestärken in seinem Hang zur Bummelei.

Er liest. In seinem Gesicht breitet sich ein sieghaftes Lächeln aus. »Gibst mir also recht?«

»Ja und nein.«

Ich gebe zu: Nur nach der Uhr leben, hieße wie im Gefängnis leben. »Aber«, so frage ich ihn, »was würde herauskommen, wenn jeder nach seiner Lust zur Arbeit ginge oder wenn in deiner Sportschule alle trainieren würden, wann es ihnen paßt?«

»Erinnere mich nicht!«

»Nun halt mal die Luft an!« sage ich und bringe ins Gedächtnis, daß er ohne diese Schule als Vierzehnjähriger nicht nach Italien oder in die Sowjetunion gekommen wäre.

Mein Sohn schweigt.

Holz gehackt, gestapelt.

Timm wirft hundertfünfzig Mark auf den Tisch; gemeinsam festgelegter Unterhaltsbeitrag. Zerknüllte Scheine, aus der Gesäßtasche gezogen.

Ich glätte die Banknoten und denke: Vor nichts eine Achtung. Ich möchte schulmeistern, aber da erhebt sich die Frage: Woher sollen die jungen Leute eine Wertschätzung haben, wenn ihnen beinahe jeder materielle Wunsch erfüllt wird? Ich brauche dieses »Kostgeld« nicht, aber der Junge muß begreifen, daß Geld zum Leben notwendig ist, daß es ihm nicht geschenkt wird.

Ich werde es für ihn sparen.

Welch ein Sprung aus meiner Kindheit in die meines Sohnes. Mit zehn Pfennigen auf dem Schützenfest war ich ein gemachter Mann. Hatte ich gar einen Fünfziger – meist von Großmutter –, konnte ich einen ganzen Rummelnachmittag bestreiten: Eis, Pferdewurst, Lose, Drops, Schießbude, Riesenrad.

Mir fällt die dreiunddreißigste Geschichte aus dem BILDERBUCH OHNE BILDER von Andersen ein: Der Mond guckt in ein Kinderzimmer. Die Kleinen gehen schlafen. Das vierjährige Mädchen liegt schon im Bett und betet das VATERUNSER. Wo es im Gebet heißt: »Unser täglich Brot gib uns heute …«, verlängert das Mädchen die Zeile undeutlich. Die Mutter möchte wissen, was das Kind gemurmelt hat. Nach verlegenem Schweigen antwortet die Kleine: »Sei nicht böse, lieb Mütterchen; ich bat nur: auch recht viel Butter drauf.«

Wie lächerlich, wie absurd wirkt solch eine Geschichte heutzutage hierzulande.

VATERUNSER – ein schönes, einfaches Gedicht. Weltliteratur. Für unzählige Menschen nützliche Poesie, auswendig gelernt.

Ein junger Mann – aus dem Nachbardorf muß er sein – schiebt sein Moped auf den Hof.

»Will nicht mehr, die Karre.«

»Ich verstehe nichts davon.«

»Ist Timm schon da?«

»Noch nicht. Meinst du, der könnte helfen?«

»Na klar, er kann alles.«

Vor allem kann er Unsinn, denke ich ungläubig

und bin sehr überrascht, als die Karre später wieder läuft.

»Er kann alles« – wieviel Vertrauen – wieviel Zutrauen.

Im Nieselregen Fahrt zum Bahnhof Bad K. Timm möchte in die Stadt.

In Z. auf den Drähten sammeln sich die Schwalben für die Herbstreise.

Andächtige Bewegungslosigkeit vor dem Flug, dem langen.

Zeit, daß ich mich sammle für den Winter, den langen.

In Bad K. an der Kreuzung Verkehrsregler.

»Dieser arme Kerl da!«

»Wer? – Der Bulle?«

»Red nicht so abfällig über einen Volkspolizisten.«

»Soll er doch abhauen, wenn es regnet.«

»Abhauen – vielleicht gibt es so was wie Pflichtgefühl für ihn.«

»Bei diesem Pladder muß er doch nicht hier stehen.«

»Gerade jetzt ist es gut, daß er den Verkehr regelt.«

In der Bahnhofshalle – die Tür zum »Intershop« steht offen. Es riecht nach Seife, Waschpulver. Neugierig blicken wir durch die Tür auf das gefällig verpackte, blickfängerisch aufgebaute Angebot an Waren.

Wie viele davon mögen in unserem Lande hergestellt worden sein?

An uns vorbei zwei Jungen. Der eine mit leuchtenden Augen zum anderen: »Och, Shop – das ist Sahne!«

Am Ladentisch eine ältere Frau. Sie fühlt sich hier zu

Hause: »Zwei Stückchen Fa ... ein Paket OMO ... eine Jakobs-Krönung ... fünf Mars ... drei Milka ... so, nun rechnen Sie zusammen ... Joghurt hole ich morgen ...«

Ein junger Mann zu seiner Tochter: »Komm, gucken wir mal in den Oma-Shop.«

Ich erinnere mich an eine Jugendversammlung – im Herbst fünfundvierzig mag es gewesen sein –, wo uns der Antifa-Jugendleiter begeistert erklärte, daß in den kommenden dreißig bis vierzig Jahren das Geld abgeschafft wird, daß jeder nach seinen Fähigkeiten und nach seinen Bedürfnissen leben kann.

Wahrscheinlich hat an jenem Abend die Dialektik auf einem leeren Stuhl gesessen und leise gelächelt über seine utopischen Träume.

Mein Sohn stupst mich an. »Haste nich paar Mark für eine Schokolade?«

Auf der Bahnhofstoilette zwei betrunkene Armisten. Der eine verdrückt sich brabbelnd, als wir das Kabuff betreten, der andere grinst und plappert: »Guckste, Opa, wa? Noch nischt von die EK-Bewegung gehört?« Er tippt mit dem Finger auf die Hundertdreiundzwanzig, die er an die Wand gekratzt hat, wobei er beinahe in die Pißrinne rutscht. Er lallt: »Noch soviel Tage, dann hab ich den Scheiß hinter mir.«

Timm lacht und sagt, wobei er dem Betrunkenen auf die Schulter klopft: »Wenn du weiter so die große Schnauze hast, gehste nicht nach Hause, sondern in den Bau.«

Wochenende allein – ungewöhnlich. Habe die Stille genossen, pausenlos gearbeitet, habe den Fünflitertopf voll Kartoffelsuppe gekocht, dazu Bockwurst gegessen, die ich in Bad K. gekauft habe. Eigentlich braucht man gar nicht viel, wenn man voller Eifer und mit viel Freude bei der Arbeit ist.

Mein Sohn tritt in das Haus. Erste Frage: »Ist meine Einberufung gekommen?«

»Warum hast du es so eilig damit?«

»Meine Kumpels sind längst gezogen; ich will das auch hinter mir haben.«

* *

ERINNERUNG

Auf den Tag sind es vierzig Jahre, mein siebzehnter Geburtstag. Ich fahre mit dem Zug nach LINGEN am Dortmund-Ems-Kanal. In meiner Rocktasche trage ich den »Wehrpaß« und die Einberufung zum »Reichsarbeitsdienst«.

Endlich!

Wie stolz ich bin!

Meine erste lange Reise. Woher hätte ein Landarbeiterkind sonst das Geld nehmen sollen für eine Fahrt von Dessau bis in den Nordwesten Großdeutschlands?

Meine einzige Sorge: immer richtig umsteigen, nicht zu spät kommen.

* *

ERINNERUNG

Frühjahr fünfundvierzig. In einem Kessel vor Berlin, nahe Königs Wusterhausen fordern uns sowjetische Parlamentäre auf, die Waffen niederzulegen. Besessene SS-Offiziere erschießen die Unterhändler. Da setzt das gezielte Feuer der sowjetischen Artillerie ein. Bloß weg aus dieser Hölle. Ich stolpere über einen gepflügten Acker, laufe, werfe mich hin, taumle und stürze endlich in einen Granattrichter. An der Böschung des Erdloches ein Verwundeter. Ein Splitter hat ihm das rechte Bein abgerissen. Mir will übel werden beim Anblick des zerfetzten Oberschenkels. Mein Blick streift das Gesicht des Verstümmelten: Der Zahlmeister unserer Kompanie. Seine Wangen sind aschfahl. Die Augen glänzen fiebrig. Er lächelt. Erkennt er mich? Seine Hand greift langsam zur Pistolentasche. Zieht die Waffe heraus. Will er schießen? Ich beuge seine Hand mit der 08 nach unten. Er schüttelt den Kopf und lächelt, lächelt mit einer Güte, die ich bis dahin noch nie in einem Menschengesicht gesehen habe. Mit müder Kraft legt mir der Hauptfeldwebel die Pistole in die Hand und flüstert: »Trag du sie weiter für Führer und Vaterland.«

Trug ich nicht, wie befohlen, im Uhrtäschchen der Uniformhose eine Pistolenkugel – für alle Fälle?

Ein deutscher Soldat ergibt sich nicht!

* *

Mein Geburtstag – Feiertag der Republik. Timm hat mir ein kleines, selbstgemaltes Aquarell auf den Tisch gelegt. Erst jetzt betrachte ich es eingehend. Unser Haus mit der allesüberragenden Pappel. Erstaunlich die Sicht; farbenfreudig, heiter. Nichts Außergewöhnliches, nein, aber ich freue mich sprachlos über seine schöpferische Leistung.

»Danke! Ein gutes Bild. Daran hast du wohl lange gesessen?«

»So was malt man doch mit links.«

Im Fernsehen Demonstrationen, Militärparade. Ich schalte ab. Wachaufzüge, Zapfenstreiche, Platzkonzerte und Aufmärsche haben für mich nichts zu tun mit bewußter Einstellung zur Landesverteidigung.

Begreifen, warum was verteidigt werden muß.

Drill erzeugt Untertanen. Die Volksarmee braucht Persönlichkeiten, nicht nur als Offiziere, auch als Rekruten. Mich entsetzt, wenn junge Leute bei der Armee des Volkes Dienst leisten mit der Einstellung: Diese achtzehn Monate werden auch rumgehen! Mich erschüttert, wenn ich sehe, daß sich entlassene Soldaten mit Alkohol füllen wie alte Frontkämpfer, auf der Fahrt nach Hause Krawalle inszenieren, sich aufführen, als hätten sie achtzehn Monate härtesten Fronteinsatz zwischen Leben und Tod hinter sich.

Gibt es keine angenehmen Erinnerungen?

Ich habe einmal einen Schuldirektor gefragt, was die Manöverspiele der Schüler in den Winterferien bezwecken sollen.

Antwort: »Die Schüler sollen zur Heimatliebe und Wehrbereitschaft erzogen werden.«

Werden sie das?

Natürlich kenne auch ich Volksarmee-Unteroffiziere, auf die der Begriff »Alter Schwede« paßt; er kam zu Zeiten des Großen Kurfürsten von Preußen auf. Der nahm altgediente schwedische Soldaten in seine Dienste und beförderte sie zu Unteroffizieren, weil sie es vorzüglich verstanden, Rekruten zu schleifen.

Der tiefere Grund für meine Ablehnung solcher Fernsehbilder dürfte meine eigene Erfahrung sein. Meine Generation hat nach dem Kriege geschworen, nie wieder ein Gewehr in die Hand zu nehmen.

Ob sich Bechers Worte je erfüllen werden: »Daß nie mehr eine Mutter ihren Sohn beweint ...?«

Jetzt, wo der Gedanke Bechers vor mir auf dem Papier steht und ich länger darüber nachdenke, wird mir bewußt, wie beschwörend er ist. Wenn in unseren Tagen auf den Knopf gedrückt wird, dürfte keiner mehr übrigbleiben, der über den anderen weinen könnte.

Es regnet. Wie stürmende Soldaten laufen die Tropfen über das Dach, leuchten eine Sekunde auf, wenn sie von einem Dachstein zum nächsten springen.

Laufen.

Rennen.

Fallen.

Im Buchenwald das goldene Laub. Wie es mich anzieht. Als Junge kugelte ich mich einfach hinein, stellte mich auf den Kopf, schmiß Blätter in die Luft, jauchzte.

Jetzt drehe ich mich erst um, bevor ich mich darin rolle.

Am Dorfrand der schmächtige Ackerstreifen. Heinz W. pflügt; der Apfelschimmel der Genossenschaft zieht einen alten, rostigen Wendepflug. Das Tier dampft; der sandige Lehm ist herbsttrocken und hart. Am Fuhrgewende läßt mich Heinz an das Ackergerät. Dabei grient er, als wollte er flachsen: Das bringst du doch sowieso nicht, Dichter!

Ich drücke das Schar in die Erde, ziehe eine schnurgerade Furche.

Gründlich gelernt reicht bis an das Lebensende.

Ich bereite einen großen Topf voll Äpfel vor zum Kochen; ich will Apfelmus einwecken. Welch ein Erfolgserlebnis, wenn ich den Einkochpott öffne und alle Gläser zu sind.

Timm sitzt neben mir und überprüft die Angel; die Sehne auf der Rolle hat sich verfitzt.

Später zieht er mit M. Hand in Hand vom Hof; sie

wollen »schnell« noch einen Hecht aus dem See ziehen. Ich stelle meinen Appetit darauf ein, wünsche »Petri Heil!« und sehe den beiden nach. Sie bleiben alle drei Schritte stehen, schäkern herum, küssen sich, schubsen sich in das Gras. Ob sie je den See erreichen?

Ich stelle meinen Hunger wieder auf Brot und Käse um.

Timm schlürft Reissuppe. Die Spitzen seiner Haare tunken in den Teller.

»Du müßtest mal zum Frisör gehen.«

»Marx hatte auch lange Haare.«

Mein Bekannter M.: »Meinem Sohn würde ich Flötentöne beibringen, wenn er mit solch einer Mähne herumliefe.«

Was aber, wenn er Geigentöne liebt? – Ist das Haar wichtiger als der Kopf?

»Müßtest zum Frisör gehen!« – »Setz dich ordentlich an den Tisch!« – »Schlürf nicht so säuisch!« – in diesem Tone könnte ich weitertrommeln auf der Pauke, die meinen Sohn zum Gleichschritt mit mir bewegen soll. In jedem Satz höre ich meinen Vater. Und jetzt, wo ich mich all dieser Gängeleien erinnere, lächeln die Antworten in meinem Gedächtnis, die ich meinem »Alten« zudachte: Rutsch mir doch den Buckel runter! Leck mich doch am Arsch! – Laß mich doch in Ruhe!

* *

Erinnerung

Kurz nach dem Kriege; ich bin so alt wie mein Sohn jetzt. Mit einem Freunde ziehe ich zum Damensalon in der Kleinstadt. Wir lassen uns »Dauerwellen« in das

Haar brennen. Danach stolzieren wir wie aufgeplusterte Pfauenhähne durch das Dorf, gleich dreimal an diesem Tage.

* *

Wir suchen und finden Anlässe für Gemeinsames. Timm bringt ein Bündel Birkenreiser aus dem EIKENKAMP. Am Wege zum Dorf sticht der Junge Pflanzlöcher in den Lehmboden. Ich komme kaum nach, die Setzlinge einzupassen, anzutreten.

Unsere Gespräche drehen sich um Bäume. Ich hole Luther heran mit seinem bekannten Ausspruch: Wenn ich wüßte, daß morgen die Welt untergeht, so würde ich heute noch mein Apfelbäumchen pflanzen.

Timm weiß zu berichten, daß in den letzten Jahren elf Millionen Quadratkilometer Wald abgeholzt worden sind; drei Millionen davon sind landwirtschaftliche Nutzfläche geworden, die übrigen unterliegen erodierenden Einflüssen und sind für lange Zeit, wenn nicht gar für immer, unfruchtbar geworden.

Gegen Abend beäugen wir zufrieden unsere Arbeit; hundertzwanzig Birkenschößlinge stehen.

Timm: »Wenn ich groß bin, werde ich mit meinen Kindern darunter entlanggehen und sagen: Seht, die hab ich mit eurem Großvater gepflanzt.«

Auf dem Wege nach Hause brummt ein Jeep an uns vorbei: VEB MELIORATION.

Was wollen denn die schon wieder hier? Zwei Jahre lang ist die Landschaft zerwühlt worden, Rohre sind verlegt, Sölle reguliert worden. Ob zum Nutzen oder zum Schaden dieser hügeligen Gegend, wird sich erst herausstellen müssen.

Wir nähern uns zwei Männern; sie haben am Feldrand einen Erdbohrer für eine Bodenprobe angesetzt.

»Wollt ihr schon wieder meliorieren?« fragt Timm.

Ich stelle die sachliche Frage: »Ist es eigentlich sinnvoll, diese Hügellandschaft zu drainieren?«

Darauf einer der Männer: »Willst du, daß wir arbeitslos und unsere Familien ohne Brot sind?«

G. steigt aus dem Auto. Timm packt sie, wirft sie mit kräftigem Schwung durch die Luft, hat Vergnügen am Gekreisch seiner Mutter, legt sie mit unwahrscheinlicher Behutsamkeit in das Gras.

Grobe, jungenhafte Zärtlichkeit.

Wie unbeholfen, zu zeigen, daß er sie liebt.

Zu Ehren unseres »Gastes« habe ich Salzheringe mariniert mit Zwiebelringen, Lorbeerlaub, Piment, Pfefferkorn, Sahne, Kapern, Gurke.

Nach dem Essen durch die späte Sonne des Nachmittags mit G. Sie kommt jetzt immer häufiger allein aus der Stadt; die Tochter hat ihre Freunde dort. Bedauern, daß wir nicht ständig unter einem Dach leben. Aber das Kind hätte fünf Kilometer Schulweg, und G. müßte die Arbeit als Journalistin beim Rundfunk aufgeben.

Tochter Saskia – liebstes Kind – selten, daß ich an sie denke. Obwohl im Problemalter – vierzehn – läuft bei ihr offenbar alles »glatt«. Wenn sie hier ist, verwöhne ich sie, lese ihr die Wünsche von den Augen. Ansonsten sage ich mir: G. wird schon mit ihr allein fertig.

Das Gerede der Leute: Die leben getrennt!

Als wäre Zusammenleben nur möglich, wenn man jeden Tag zusammenwohnt.

Habe das Gefühl, leer gekratzt zu sein. Keine Ideen. Die Versuche kommen mir vor wie Hefeteig ohne Trieb. Die Verse stehen auf dem Papier wie ein schlechtgebauter Zaun.

Da nützt nur: Raus! Schnell für einige Tage in die Stadt.

G. freut sich. Wir essen genüßlich zu Abend, trinken Tee, hören eine Weile Musik und später die lange, umständliche Wiedergabe eines Filmes, den Saskia gerade gesehen hat.

Bei fünf Uhr morgens fängt die Stadt an zu dröhnen. Ich werde munter, kann nicht wieder einschlafen. Der Autoverkehr rollt. Die Nahverkehrsbedingungen sind für die Leute dieses ausgedehnten Neubauviertels eine Zumutung; die S-Bahn zu weit weg, die Busse ständig überfüllt.

Welch eine Umweltbelastung, wieviel Materialverschleiß, was für ein Energieverbrauch, wenn die Kraftwagen, meist mit einer Person besetzt, morgens in die Betriebe und abends zurück in die Wohngebiete rollen.

Ein Schaufenster mit unbekleideten Modepuppen; ein makabrer Anblick: die nackte Frau aus Plaste. Timm würde bestimmt sagen: Affentittengeil.

In der Eisbar eine Kellnerin so lang wie weilig.

Das Gesicht des Betrunkenen – eine aufgequollene Nudel.

Was mag T. treiben?

An den Balkonwänden unseres Nachbars, mit dunkler Farbe aufgetragen, die Nachbildung eines Fachwerks.

»Ich will ein bißchen von meiner Dorfwohnung in diesem beheizten Betonkasten haben«, sagt der Mann.

Betonmalerei – ein Quentchen Selbstverwirklichung; setzt schöpferische Phantasie frei, schafft ein wenig Traumwelt, individuelle Umgebung.

Wenige Häuser weiter: Der ganze Altan ein saftgrüner Hügel.

Ein dritter Vorbau: Ein Bootsdeck mit Steuer, Signallampen, Leinen – wahrscheinlich die Wohnung eines Seemannes.

Drei Tage Stadt – genug! Rückfahrt am Mittag. Am Stadtausgang Radarkontrolle.

»Vierzehn zuviel«, sagt der Weißbemützte.

»Hier sind doch sechzig erlaubt«, antworte ich.

»Waren erlaubt – bis vor vierzehn Tagen. Fahren Sie aufmerksamer! Die Papiere! Halten Sie den Betrieb nicht auf!« Zehn Mark, ein Stempel. Dazu der unvergessene Eindruck von einem schnodderigen Genossen der Verkehrspolizei.

Unser stilles Haus!

Mein Sohn!

Die Sonne gibt einen Gala-Untergang für mich, empfängt mich mit rotstrahlendem Glanz. Im Holunder pfeifen die Stare. Dazu tanzen trunken die Altweibersommerfäden durch den Garten. Über das Haus hinweg paradieren keilförmig Graugansschwärme.

Ich setze mich unter den Apfelbaum, höre Trompetenkonzerte: Torelli, Grossi, Fasch, gespielt von Güttler.

Vollendete Brillanz, frohmachende Musik.

»Warum siehst du eigentlich immer Westfernsehen?«

»Ich gucke, was nicht langweilt.«

»Woher willst du wissen, daß unser Fernsehen langweilt, wenn du es gar nicht siehst?«

»Das weiß doch jeder, wie uninteressant ist, was von Adlershof kommt.«

»Seit wann hörst du auf jeden?«

Timm versucht sich zu drücken vor einer Antwort mit der Feststellung: »Is doch aber nich verboten, oder?«

Mein Sohn hat keine ausgeprägten geistigen Neigungen. Er bastelt lieber am Auto herum, geht angeln, läßt sich meistens von sogenannter Unterhaltungsmusik betrommeln, von Fernsehkrimis fesseln. Oder er baut, wie dieser Tage, einen Schaukelstuhl. Einen riesigen Riesenschaukelstuhl. Die Lehne stößt beinahe an die Zimmerdecke. Ein Unikum. Ein Bretterwerk, dem anzusehen ist, daß der Erbauer mit kreativem Eifer bei der Sache war.

Wenn der Junge sich gemächlich hin und her wiegt, habe ich den Eindruck: Ein König sitzt da, der sein kleines Reich – vier mal sechs Meter – wohlgefällig und genüßlich überschaut.

Verzweifelte Gedanken über meinen Sohn. Er scheint nach der Anschauung zu leben: My home – my castle.

Timm – ein Zurückzieher? – Ein Aussteiger? – Einer von denen, die Marx so sah: »Wem es nicht mehr Vergnügen macht, aus eigenen Mitteln die ganze Welt zu bauen, Weltschöpfer zu sein, als in seiner eigenen Haut sich ewig herumzutreiben, über den hat der Geist sein Anathema ausgesprochen, der ist mit dem Interdikt belegt, aber mit einem umgekehrten, er ist aus dem Tempel und aus dem ewigen Genuß des Geistes gestoßen und darauf hingewiesen, über seine eigene Privatseligkeit Wiegenlieder zu singen und nachts von sich selber zu träumen.«

Nein, Aussteiger ist mein Sohn nicht. Darin unterscheidet er sich von einem Bekannten, der mir bei einem Gespräch sagte: »Aussteiger? – Kann ich nicht sein; ich bin gar nicht erst eingestiegen.«

Timm leidet wie viele junge Leute darunter, daß wir Erwachsenen von ihnen erwarten, was wir von uns erwarten. Aber für ihn und seinesgleichen ist Sozialismus Gegebenes, nicht Erkämpftes.

* *

ERINNERUNG
Der lettische Schriftsteller-Verband hat mich nach Riga zu den Janis-Rainis-Feiern eingeladen. Ich sitze im vorderen Teil der TU. Das Flugzeug liegt ruhig bei seinen neuntausend Metern. Unter den Tragflächen die arktisähnliche Landschaft der Wolken. Um mich herum die Fluggäste dösen. Hinter mir zwei junge Männer, lesend; Studenten vielleicht auf dem Wege zu ihrer Hochschule in Moskau oder Leningrad. Sie dürften zwei, drei Jahre älter sein als Timm.

Meine Vorstellung: Wie wäre es, wenn dein Sohn neben ihnen säße; Student an der Lomonossow-Universität; künftiger Mediziner oder Biologe, Geologe, Physiker, geladen mit Energie, besessen vom gnadenlosen Drang, der bedeutendste Wissenschaftler der Erde zu werden.

* *

Wetterumschlag. Der November bereitet sich vor mit Wind, Regen, Nebel.

Die Elektropumpe hat ausgesetzt. Kein Wasser im Hause. H. vom Torfwerk hilft. Was kann dieser Mann eigentlich nicht? Vor allem spricht er beneidenswert plattdeutsch, diesen groben und sanften, lauten und leisen, humorvollen und traurigen Dialekt. Es klingt überhaupt nicht anstößig, wenn H. sagt: »Leck mich doch an'n Noors!«

Später. Das Wasser läuft wieder. Wir sitzen in der Küche. H. trinkt einen Weißen, ich einen Kaffee. H. erzählt von meinem Sohn, der am Sonntagabend in der Gaststätte gesessen und mit einem Gernegroß »von drüben« debattiert hat.

»Sie waren sich natürlich völlig einig«, sage ich.

»Denkst du, mein Lieber, denkst du; dein Junge hat geredet, als wäre er der olle Marx in Person.«

Timm kommt bedrückt aus der Dachkammer.

»War das ein Sturm in der Nacht.«

»Wir hatten schon stärkeren.«

Mein Sohn setzt sich, trinkt Kaffee, raucht die Morgenzigarette.

»Als ich gestern abend nach dem gruseligen Krimi im Bett lag und die Dachsteine rasseln hörte, war ich froh, daß du im Hause bist, sonst hätte ich vor Angst in die Hose geschissen.«

Wie viele Geräusche hat das alte Haus bei Sturm.

Da wackelt ein Fensterladen.

Da klimpert eine Kette an der Hauswand.

Da ächzt ein Dachbalken.

Da faucht der Wind im Ofen.

Und da sind viele Laute, deren Ursache ich nicht kenne; dünne, unheimliche.

Jedes Haus hat bei jedem Wetter seine Musik.

Und wenn man das weiß, fürchtet man sich nicht.

November

Halb fünf. Der blubbernde Traktor weckt mich. Die Melker fahren zur Koppel auf dem ALANDSBERG.

Für sie gilt nicht die Redewendung: Mancher ist so faul, er möchte gleich Käse melken von der Kuh. Sie sind von eiserner Disziplin. Bei Wind und Wetter, vom ersten Grasgrün im Mai bis tief in den Herbst hinein rollen sie morgens und mittags zu den Melkständen. Tiere verlangen Pünktlichkeit.

Ich schaufle Briketts in die Scheune. Bin zornig, weil Timm gute Ratschläge gibt, statt zuzupacken.

Eine halbe Stunde später bittet er mich zum Abendessen. Der Tisch ist gedeckt. Tee dampft. Sogar Blumen stehen auf der Tafel.

Ich sollte nicht immer kratzen, bevor es juckt.

In der Frühe der Denkspaziergang um das Haus herum. Der Nebel macht die Einsamkeit noch einsamer. In der Krone des Sauerkirschbaumes ein letztes Blatt. Trotz Sturm und Regen hat es nicht aufgegeben. Als wüßte es: Wenn ich mich fallen lasse, werde ich nur braune Masse wie alle, die schon im Grase liegen.

Wenn ein Luftzug durch die Baumkrone fährt, zittert das Blatt ahnungsvoll.

Aber noch hat es die Adern voller Sommerkraft.

Auf dem Feldweg der totgefahrene Hase – ein Schandfleck im Gesicht der Erde.

In der Kosmeablüte der Tautropfen. Freundlich blitzend macht er der Sonne Platz, die sich jetzt neben ihn setzt.

Alle Leute des Dorfes sind auf den Beinen. Ein Traktorist wird begraben.

Mag dieser Mensch ein Lauser gewesen sein – zum

Friedhof begleiten ihn alle. Irgendwann ist jeder an der Reihe.

Den Sarg hat der Tischler gebaut – nach Wunsch. Die Kränze kommen vom Gärtner. Das Grab haben Freunde ausgehoben.

Ein Begräbnis ist für die Dorfbewohner ein Vorweg-Erlebnis der eigenen Beerdigung oder Urnenbeisetzung. Darum stirbt der Mensch auf dem Lande geborgener, beruhigter. Er kennt den Friedhof, weiß vielleicht sogar schon, wo seine Grabstelle ist. Auf jeden Fall weiß er, wie der Nachbar gucken wird, wenn er am Grabe steht, sieht, wie die Frau aus dem Hause Nummer sowieso weint. Und er kann sich vorstellen, wie die »Fellversaufe« abläuft.

Der Trauerzug ist lang. Am Grabe sprechen der Vorsitzende der Genossenschaft und der Pastor. Nach den Reden wird der Sarg in die Grube gesenkt. Angehörige und Dorfbewohner formieren sich, um nach altem Brauch mit einer Handvoll Erde Abschied zu nehmen: Erde zu Erde, Asche zu Asche, Staub zum Staube.

Da tritt der Pastor einen Schritt vor, hebt beschwörend die Hand und bittet, daß nur diejenigen an das Grab treten, die der kirchlichen Gemeinde angehören.

In diesem Augenblick gibt der Rand des Grabes nach.

Der Vorsitzende hilft dem erschrockenen Seelsorger aus der Versenkung und flüstert: »Hat dich Gott verlassen, Pastor?«

Drei junge Männer aus der Stadt bei Timm. Die Burschen mit den verwilderten langen Haaren lagern auf dem Fußboden, rauchen, trinken Bier, schweigen sich an. Der Recorder spielt. Ich drehe leiser. Die Gesellschaft muckt auf: »Leise schockt nicht!« – »So halblaut hört man doch keine Feinheiten.« – »So wird man durch nichts abgelenkt; das ist wie eine Haube über dem Kopf.« – »Der Rhythmus fetzt; da wird man richtig mitgetragen.«

Ich ziehe mich zurück. Sie wissen das alles besser als ich. Für sie gibt es offenbar noch keine Schmerzgrenze, bei der jeder Hörgenuß aufhört.

Vom Einkaufen zurück, gehe ich gleich an meine Schreibmaschine. Da höre ich Schritte in der Dachkammer. Nanu? Ist Timm zu Hause? Er ist doch am Morgen mit den drei Freunden losgezogen.

Neben der Tür ein vollgestopfter Rucksack. Auf der Liege, ausgestreckt, einer der Jungen von gestern. Bei Licht besehen ist er mir unsympathisch mit seinen leimigen Haaren und den verdreckten Jeans. Der Junge zeigt mir den Schlüssel. »Von Timm; ich wohne hier ein Weilchen.«

»Hast du kein Zuhause?«

Er zündet eine Zigarette an und antwortet: »Bin ausgezogen.«

Timm kommt früher von der Arbeit als sonst. Ich stelle ihn zur Rede: »Könntest ruhig mit mir sprechen, ehe du fremde Leute ins Haus holst.«

»Kann ich denn nicht mal in meinem Zimmer machen, was ich will?«

Dieser verdammte, selbstgefällige Ton! Geht es mich tatsächlich nichts an, was er in seinem Zimmer treibt? Ich hatte als Junge nie ein eigenes Zimmer. Wir wohnten alle in einer Wohnküche, schliefen in einem Schlafzimmer, verbrachten die Feiertage des Jahres in der »guten Stube«. Da konnte keiner Ansprüche auf »sein« Zimmer stellen.

»Wie lange will denn dein Freund bleiben?«

»Paar Tage.«

»Und dann?«

»Nach Berlin.«

»Und wovon will er leben?«

»Brettchen bemalen und am Alex verkaufen, dort geht das.«

Über dem Kleeacker, auf der Stelle flatternd, der Turmfalke.

Wie viele Möglichkeiten, diese Beobachtung zu deuten:

Arme kleine Mäuse, für euch kommt auch alles Unheil von oben.

Dumme Mäuse, warum lauft ihr so weit weg von eurem Loch – gleich wird der Falke zuschlagen.

Mutiger Falke, wie ein Stein auf das Opfer zu stürzen.

Kluge Maus, nicht so weit vom Loch entfernt; der Falke wird umsonst stoßen.

Feiger Falke! Hättest du mehr Mut gehabt, wäre die Maus jetzt dein.

Timm hat im Fernsehen von einem gehört, der bei Nacht und Nebel mit einem Schlauchboot über die Ostsee nach »drüben« geflüchtet ist.

»Der muß ja Mut haben.«

»Ich würde sagen, er spielt leichtsinnig mit dem Leben.«

»Was will er denn weiter machen, wenn er hier nicht rauskommt?«

Timm später: »Wenn ich Regierung wäre – ich würde die Leute fahren lassen. Wer bleiben will, soll bleiben; solche nützen hier sowieso nichts. Und die drüben würden sich umgucken; die hätten ihren Ärger damit, die Leute alle unterzubringen.«

Timm später: »Was würdest du sagen, wenn ich nach drüben gehe?«

»Zunächst einmal nichts.«
»Und dann?«
»Der muß bekloppt sein.«
»Wieso bekloppt? Meine Arbeitskraft kann ich dort genauso verkaufen wie hier.«
»Wenn du sie los würdest. Und zu welchem Preis. Und wie lange.«

Timm später: »Warum kommen eigentlich keine Leute zu uns?«
»Wir sind noch nicht gut genug.«

Meine Frage an meinen Sohn: »Trägst du dich wirklich mit dem Gedanken, nach drüben zu gehen?«
»Manchmal – ja. Aber vergisses.«

Schafstall ausgemistet. Letzte Äpfel geerntet; Boskoop in allen Farben zwischen grasgrün und kastanienrot. Die Zweige atmen befreit auf.
Boskoop – warzenfleckig, säuerlich, aber haltbar bis Mai.

Der wildeste unbezähmbarste, hornbewehrteste schwarze Schafbock ist es, den die Umgegend kennt. Er gehört H., dem Leiter des Torfwerkes. Ein Teufelsbock, wie man so sagt.
Mein Sohn schlendert mit ihm den Hohlweg herauf, als hätte er einen abgerichteten Hund an der Leine. Der Herr in Wolle soll unsere Damen in Wolle decken.
»Ist er denn nicht auf dich losgegangen?« frage ich.
»Warum sollte er«, antwortet mein Sohn, »ich gehe doch ruhig mit ihm um.«
Timm läßt den Fürchtegott in das Gatter. Zunächst bleibt er am Zaun stehen, als wäre ihm das Weibliche egal. Doch dann beschnuppert er die aufgeregten, neu-

gierigen Schafe, bedrängt die Paula – und schon ist es passiert.

Mein Sohn lächelt. »Das geht ja ratzbatz; ein Glück, daß ich kein Schaf bin.«

Die Straßenkreuzung. Der Straßengraben. Das glimmende Feuerchen mit der seidenen Rauchfahne. Um glühende Holzscheite herum, Kopf an Kopf, Kinder und zwei Reguliersoldaten der Sowjetarmee. Sprachversuche. Lachen. Helme wandern von Kopf zu Kopf.

Ein Bild freundlicher Gemütlichkeit, des Zutrauens, des Friedens.

Ein Bild, an dem aber auch die Situation unserer Welt abzulesen ist: Bedrohung. Die da im Grase liegen mit ihren beschmutzten Uniformen – woher kommen sie? Was haben sie gelernt? Würden sie nicht lieber auf heimatlicher Erde liegen? An den Tischen ihrer Mütter essen? Mit ihren Mädchen spazierengehen?

* *

Erinnerungen

Herbst fünfundvierzig. Mutter und ich zuckeln mit dem Handwagen unter den Linden der Dorfstraße entlang zum Schloß. Der Freiherr Baron von Ende ist über alle Berge westwärts. Auf den Parkwiesen unter den Platanen, breitkronigen Blutbuchen und schmalen Eschen weiden Pferde der sowjetischen Armee. In einigen Räumen des ehemaligen Herrensitzes hat sich der Ortskommandant Perwuchin mit seinen Leuten eingerichtet.

Das Schloßportal; vor einigen Wochen noch Anfahrtsweg für herrschaftliche Kutschen und Jagdwagen. Mutter als Waschfrau und Küchenhilfe der Baronin kennt sich aus; sie geht schnurstracks auf eine angelehnte Flügeltür zu. Der Posten, ein junger Soldat, begleitet uns. Hinter der Tür ein tiefer, breiter Raum, holzgetäfelt, Eiche. An den Wänden und als Raumteiler bis unter die Decke schwere Regale. In der Mitte des Zimmers ein gewaltiger Berg Bücher. Wir greifen, was in die Hände will: Lenau, Platen, Schiller, Hölderlin, Bismarck ...

Die ersten Bücher in meiner Hand.

Die ersten Bücher in unserem Hause.

Am Abend vertiefe ich mich in Schillers »Räuber«, blättere in »Bismarcks Erinnerungen«, kann mich kaum satt sehen an den Bildern aus dem Kriege 1870/71. Ich bin neunzehn, habe bis zu diesem Zeitpunkt – bis auf das Schullesebuch – nie ein Stück Literatur gelesen.

Zwei Tage später noch einmal Schloßbibliothek. Hinter der Tür, auf Büchern lagernd, zwei Soldaten; sie schlafen. Zwischen den Beinen des einen Hitlers »Mein Kampf«.

* *

Erinnerung

Wenige Monate nach dem Kriege. Ich arbeite bei einem Bauern in einem benachbarten Dorf. In zwei großen Zimmern des Bauernhauses waltet Iwan, der Ortskommandant der sowjetischen Armee.

An einem Sonnabend – Dorftanz, gemeinsam mit den Soldaten. Ich ziehe meine neue Jacke an, ein Geschenk von der Bäuerin; die Reithose, Fundsache aus dem Kleiderschrank im verlassenen Schloß unseres Barons, die Reitstiefel, eine Geburtstagsgabe meiner Eltern.

Im Forsthaus wohnt die schöne blonde Luise. Ich schwinge mich auf das Fahrrad, um sie zum Tanze zu holen. Hinter dem letzten Hause des Dorfes, wo die Kiefernschonung beginnt, ziehen mich zwei sowjetische

Soldaten von meinem Drahtesel. Mit gezogener Pistole zwingen sie mich, meine blankgewienerten Schaftstiefel auszuziehen. Ich wettere wie ein Rohrspatz, drohe mit Iwan. Erfolg: Ich werde auch Armbanduhr und Fahrrad los.

Als ich in Strümpfen im Tanzsaal erscheine – Gelächter. Die Dorfbewohner glauben, ich wäre betrunken. Nur einer lacht nicht: Iwan. Mit Gesten mache ich ihm verständlich, was geschehen ist. Er stürzt wütend aus dem Gasthaus.

Eine halbe Stunde später ist er zurück; er wußte wohl, wo er den Dieb zu suchen hatte. Im Tanzsaal Knisterstille, als er mir Uhr und Stiefel in die Hand drückt und sagt: »Russisch Soldat wollen Frieden bringen, nicht Zappzerrapp.«

* *

Diese plubbernden Matschlöcher auf dem Feldweg. Die Treckerfahrer haben eine Fahrspur über den Gerstenacker angelegt. Ich benutze diese »Rollbahn« auch; eine glatte Ackerstrecke ist besser als ein löchriger Feldweg.

Bei der Dorfeinfahrt steht wie aus der Erde gestampft der Agronom vor mir, ein weißhaariger, sanftäugiger Mann, Umsiedler aus dem ehemaligen Ostpreußen, und sagt: »Aber Lindemann, man fährt doch nicht über das Brot.«

Timm knattert auf den Hof mit einem alten, verdreckten Moped. Der Junge strahlt.

»Für zweihundert Mark; von einem Kollegen, der wollte es in den Müll fahren.«

Aus dem Morgen, vom Dambecker See her, tief gestaffelt, ziehen Graugänse heran.

Erinnerung überfällt mich: Flugzeuge – Sirenengeheul – pfeifende Bomben.

Die grauen Keile – Wildgänse.
Welch heiteres Geschwätz am Himmel.

Die Neugier hat mich in die Tischlerwerkstatt getrieben; ein baufälliger Schuppen am Rande des alten Gutshofes in D.

In der Bretterbude: Hobelbank, Bandsäge, Abrichte, Drechselbank, Regale mit Werkzeugen, ein verrußter, ummauerter Ofen, der vor Eifer glüht, den Raum aber kaum erwärmt. Mehr Dreckloch als Werkstatt.

Der dreiundsiebzigjährige Spannemann von Timm strahlt eine sanfte Väterlichkeit aus. Der Dialekt verrät: Ostpreuße. Auffallend im Gesicht des Alten die Knubbelnase. Seine Haare sind schütter und schlohweiß. Der Mundwinkel hält eine kurze, gebogene Tabakspfeife. Der Mann hobelt einen Axtstiel; Esche; eine saubere Arbeit.

Timm ist in das Büro der Genossenschaft gefahren. Ich schwatz mit dem alten O. über dies und das, fürchte Unangenehmes über meinen Sohn zu erfahren. Das Gegenteil ist der Fall. Der greise Geselle lobt die Hilfsbereitschaft des Jungen, seinen Fleiß, seine Kraft. Dann zeigt mir der gestandene Holzarbeiter voller Stolz einen gedrechselten Blumenständer von Timm; ein Prachtstück aus Kirschbaum; Weihnachtsgeschenk für G.

Auf der Heimfahrt frage ich mich: Wie falsch und wie richtig sehe ich meinen Sohn eigentlich?

Und ich rate mir mit dem alten Sprichwort: Der ist weise, der seinem Verstande nicht zu viel traut.

Vor dem Dorf der Wohnwagen der Genossenschaft. Sägen schlurren, Äxte bellen. Schlehdornhecken kippen.

Ich frage den Brigadier: »Soll alles weg?«

»Wenn es nach mir ginge – ja.«

Gottlob, es geht nicht nach ihm; der Müller hat andere Gedanken als der Esel; es darf nicht abgeholzt, nur gelichtet werden.

Aus einem verdrießlichen Arsch fährt kein fröhlicher Furz, heißt es. Ich habe nun lange genug über die sogenannte leichte Musik palavert. Ich steige in die Dachkammer, wähle eine Schallplatte aus dem Stapel: Mike Oldfield.

Nie gehört.

Ich lausche der Musik.

Schön!

Sehr schön sogar!

Aber warum muß sie laut gehört werden?

Das Moped knattert auf den Hof. Ich schnell die Treppe hinauf. Geheizt habe ich schon. Essen steht auf dem Tisch. Ich lege diese Platte wieder auf.

Der Junge strahlt wie ein Frühlingsmorgen. »Seit wann hörst du so was?«

Ich ulke: »Man muß sich bilden.«

Timm setzt sich, wärmt sich die Hände an der Teetasse, hört zu.

In seinem Gesicht nestwarme Zufriedenheit.

Timm später: »Gefällt dir das?«

Ich nicke. »Ich höre es zum ersten Male.«

Timm später: »Ich hab gedacht, du hast es aufgelegt, weil du etwas von mir willst.«

Timm später: Zieht ein altes, wunderschön geformtes Vogelnest aus dem Rucksack und legt es auf den Tisch.

»Es lag unten am Weg, wo die Hecken ausgeholzt werden. Warum diese Blödmänner bloß alles wieder abhauen? Sagt doch der eine, die Schlehen müssen weg, damit der Weg trocken wird. Die sollten lieber einen Graben ziehen, damit das Wasser ablaufen kann.«

Das Vogelnest legt er behutsam in sein Regal.

Auffällig: Mein Sohn spricht nie laut.

Ich bin sprachlos über mein großes Kind; es kommt mir vor wie zwölf.

Wir fahren beide nach B. zum Geburtstag des Verlages. Alle begrüßen Timm, wechseln freundliche Worte mit ihm. Mein Sohn kommt aus dem Staunen nicht heraus: Wen du alles kennst. Diese vielen Kinderbuchautoren! – Du redest ja mit jedem wie mit einem Kumpel. – Und zum Minister sagst du einfach du?

Nach kurzen, klugen Reden das Bankett. Mein Sohn probiert dies, kostet das. Am Ende steht er vor mir und plustert: »Ich komme mir vor wie ein gefüllter Ganter; ich kann nicht mehr.«

Auf der Heimfahrt: »Dufte Kumpel, diese Kinderbuchautoren. Keiner eingebildet wie manche Fatzken.«

Und endlich kündigt er an, was er seiner Mutter erzählen wird: »Keinen hat gestört, daß ich die Jeans anhatte.«

* *

ERINNERUNG

Im Jahre einundsechzig. Ich schreibe im Auftrage eines Braunkohlenwerkes eine Bergarbeiter-Kantate. Die Musik soll Kochan komponieren. Ich rolle jeden Morgen mit dem Arbeiterzug in das Werk. Wenn ich mich nicht in der Brikettfabrik oder im Tagebau herumtreibe, halte ich mich im Klubhaus auf und schreibe.

An einem Wochenende – Tanzabend. Am Eingang des Saales der Klubhausleiter, ein handfester alter

Bergarbeiter, der wegen Staublunge zuerst Gewerkschaftsarbeit, später die Klubhausleitung übernommen hat. Oskar hat einen Knüppel in der Hand.

Ich lache. »Machst du Jagd auf Hexen?«

»Nein, auf Nietenhosen; mit Nietenhosen kommt mir hier keiner rein!«

* *

Es ist zum Mäusemelken! Timm hat wohl wieder seine Dunkelkammerzeit. Schweigend verläßt er das Haus, ohne Worte betritt er es. Keine Fragen, keine Antworten. Ein gefühlloser Schatten. Merkt dieser Mensch nicht, daß sein grundloses Stummsein mich beleidigt? Daß es empört, wenn er am Tisch sitzt und nicht mumm sagt? Vor drei Tagen geschwätzig wie eine Regenrinne – jetzt verschlossen wie eine Truhe.

Er wird noch viel bieten, woran ich zu schlucken habe. Aber: »Geduld, Vernunft und Zeit macht enge Löcher weit.«

Ich steige jetzt öfter vom hohen Roß meiner Selbstgefälligkeit, setze mich abends zu Timm in das Zimmer, wir fernsehen; Gespräche sind selten.

Eben ein Film. In einer Szene erklärt ein Junge dem Vater, was er zu tun beabsichtigt. Darauf der Vater: »Was du möchtest, werde *ich* nachher festlegen.«

Timm lacht. »So ist das immer.«

Beim Feuermachen der Gedanke: Was, wenn jetzt das Haus brennen würde?

Ich antworte mir: Keine Hand aus der Tasche nehmen, zusehen.

Ich nehme ein Klümpchen Schnee in die Hand und beobachte, wie es schmilzt. Frage mich wie ein Kind: Ob Schneeflocken Schmerzen haben, wenn sie tauen?

Im Lehnstuhl kleinlaut und niedergeschlagen mein Sohn. Er hat einen Unfall verursacht. Mit einem geliehenen Trabant ist er im dichten Nebel in einer Kurve auf den Wagen des Vorsitzenden gedonnert. Beide Männer – welch ein Glück! – unverletzt. Das Auto des Betriebsleiters ist arg zerbeult, der Trabant total zertrümmert.

Ich trage Tee in die Dachkammer, lege Zigaretten dazu, setze mich. Im Gesicht des Jungen lese ich die Frage: Woher das Geld für die Reparatur des geborgten Autos nehmen?

Ich tröste ihn: »Laß uns zufrieden sein, daß du mit heilen Gliedern in deiner Kammer sitzt.«

Bei einer Bilderbuchkonferenz in einem Ferienheim bei B. merke ich wieder einmal, wie Berichte geschrieben werden, in diesem Falle der Jahresbericht eines Verlages.

Das übliche Verfahren: Zuerst das große Eigenlob, dann die Einsprengsel der Kritik, danach der pathetisch-optimistische Ausblick. Dabei wäre bescheidene Zurückhaltung angebracht. Mehr als zehn Prozent der geplanten Titel werden erst im kommenden Jahre erscheinen, weil die Druckereien mit Exportaufträgen überlastet sind – Auslandsaufträge stehen vor allem. Weil zeitweilig das entsprechende Papier fehlt.

Zur Rednerin: Sie korrigierte vor ihrer Rede nicht das Manuskript, sondern das Make-up. Was sie sagte, war Sülze: Wenig Fleisch, viel Knorpel, sehr viel Gelatine.

»Der Schmerz ist der bellende Wachhund der Gesundheit«, lautet eine altgriechische Arztweisheit.

Mein Hund bellt wieder sehr laut, aus den Hüft- und Schultergelenken.

Tiere – wann haben sie eigentlich keine Rolle gespielt für meinen Sohn? Als er sechs war, mußte ich ihm ein Aquarium einrichten. Später hatte er zweimal einen Goldhamster. Wie viele Kinder in den Neubauzentren hatte er das Bedürfnis nach etwas Lebendem, Liebebedürftigem. Von einem Schwimmwettkampf kam er zurück mit einer weißen Maus. Die hatte er mehrere Nächte im Hotelzimmer laufen lassen. Eine Frau vom Reinigungspersonal, erschreckt, hatte sich beschwert. Die Folge: Anpfiff vom Trainer. Zu Hause ließ er das Nagetier dann in meinem Schlafzimmer laufen, bis die Katze zugeschlagen hat.

Heute beschert mir das Kind wieder eine Tierüberraschung: eine Ratte. Geheimnisvoll zieht mich der Junge zum Treppenaufgang, wo die Katzenfutternäpfe stehen. Neben den Milchschalen ein umgestülpter Aschekasten. Timm lupft ihn. Eine junge Wanderratte huscht hervor, dreht eine kleine Runde und macht sich dann über eine Scheibe Brot her.

Timm grient, als hätte er ein Weltwunder entdeckt.

Ich frage: »Was soll damit werden?«

»Laß sie doch mit den Katzen fressen.«

»Mit den Katzen? – Die beißen sie doch tot.«

»Denkste! Die vertragen sich.«

»Und woher hast du sie?«

»Aus unserer Werkstatt.«

Zum Verzweifeln! Da schleppt dieser Bursche Ratten in das Haus. Ich war froh, bisher keine gehabt zu haben.

Ich versuche mich in den Zustand der Spielfreude meines Sohnes zu versetzen, obwohl ich bis zum heutigen Tage Ratten fürchte. Als Junge bin ich einmal von einer gebissen worden. Wenn auf dem Gutshof der Schafstall ausgemistet wurde, waren wir Dorfjungen zur Stelle mit Gabeln und Knüppeln, schlugen, stachen zu, fingen ein. Für jedes erlegte Tier zahlte der Gutsinspektor zwanzig Pfennige. Eines Tages jagte ich eine den Lindenstamm hinauf, der vor dem Schafstall wuchs. Als das Tier nicht weiterwußte, sprang es und biß in meinen Hals.

Die junge Ratte knabbert und nagt. Unweit davon schleckt die Katze ihre Milch. Ich finde beinahe Vergnügen an diesem Bild.

Streit mit G.: »Der Junge ist so verrückt, weil wir uns zu wenig um ihn gekümmert haben.«

»Wie kümmern, wenn er jahrelang von früh bis spät, sieben Tage in der Woche im Schwimmbecken liegt?«

»Wir hätten öfter mitfahren sollen.«

Der Auto-Totalschaden wird über zweitausend Mark betragen.

Immer wieder in Losungen: Geborgenheit, geborgen, Sicherheit, sicher ...

Wörter, hinter dem warmen Ofen zu singen. Dort vollzieht sich nichts Stürmisches, Umwälzendes, Revolutionäres.

Wörter, die einschläfern in Zeiten, die nach Aktivität, nach Einmischung verlangen.

Der Fortschritt fordert Unruhige, nicht Geborgene.

Dezember

Freitagmittag. Timm tritt in das Haus.

»Bauchschmerzen!«

Mit verkniffenem Gesicht verschwindet er in seiner Dachkammer, ahnt natürlich meine Ahnung und vermeidet es, mir in das Gesicht zu blicken. Eine Stunde später – wie erwartet: »Kannst du mich zum Bahnhof fahren?« Er möchte zu M. nach R.

Vor dem Hause eisiger Wind. Schnee treibt. Ich wäre ein Hartherz, würde ich nicht fahren. Vielleicht hatte er tatsächlich Bauchschmerzen? Mein Fimmel, wiedergutmachen zu wollen, was ich früher versäumt habe.

Vom Bahnhof zurück, renne ich dreimal um die Pappel, beschimpfe meine Nachgiebigkeit, gucke mir ein bißchen Trost aus dem Sternenhimmel und denke an jene Großmutter in Tjeberda im Kaukasus, an die neunzehn Enkel und Kinder, die alle unter einem Dach wohnen, und frage mich, wie die wohl miteinander umgehen.

Und ich tröste mich mit der Weisheit eines Carl Gustav Jochmann: »Der Zwang ist ein so bösartiges Element, daß nur das Schlimmere in ihm gedeiht.«

* *

Erinnerung

Eine eisige Winternacht. Der Wind heult um das Haus. Ich liege unter meiner schweren, warmen Gänsefederdecke, wach gerüttelt. Mutter beugt sich über mich, läßt ihre kleine Hand über meine Stirn streichen.

»Es ist halb vier.«

Ich halte mir die Ohren zu; gleich wird sie sagen: Mußt aufstehen, bist heute dran ... Wie ich diesen Satz hasse. Er bedeutet: aufstehen, in der kalten Küche waschen, anziehen, Fahrrad aus dem Schuppen holen, fast vier Kilometer über die Landstraße strampeln bis zum Bahnhof, von dem Postboten ein Paket Zeitungen in Empfang nehmen, zurückfahren bis in das Nachbardorf, von Haus zu Haus die Zeitungen in die Briefkästen stecken, gegen sieben von Mutter am Dorfeingang empfangen werden, die Büchertasche schnappen und in die Schule gehen.

Bist heute dran ..., das traf jeden in der Familie; die Zeitungen mußten jeden Tag ausgetragen werden, auch sonntags.

Der Wind heult. Die Fensterläden klappern. Mutter mahnt leise: »Nun mach schon!«

Ich winde mich wie ein Wurm, ziehe mir die Decke über den Kopf, höre, wie Mutter mehr zu sich selber flüstert als zu mir: »Ach, Junge, wenn wir es nicht brauchten, würden wir es nicht machen.«

Im schwachen Schein der Lampe sehe ich, wie sich Mutter Tränen aus den Augenwinkeln wischt. Dann nimmt sie meinen Kopf zwischen beide Hände, stubst mit der Nase an meine Stirn und sagt: »Schlaf! Ich fahre! Fährst dafür am Sonntag für mich.«

* *

Wie der weiße Schnee die Amsel schön macht. Oder macht die schwarze Amsel den weißen Schnee schön?

Hinter dem Dorfe schusselt das Auto in eine Schneewehe. Die Räder drehen durch, sinken immer tiefer. Ich wundere mich, wie ich fluchen kann. Aber Flüche bringen mich nicht pünktlich zum Zahnarzt.

Vom Torfwerk die Raupe schleppt mich frei.

Am Abend in S. der Zirkel schreibender Pädagogen im Haus der Lehrer. Seit zwei Jahren treffen wir uns monatlich. Solange ich schreibe, habe ich andere ermuntert, zur Feder zu greifen; Arbeiter in der Braunkohle, Schüler in Pionierhäusern, Lehrlinge in Jugendklubs. Immer gab es wenige literarische Ergebnisse, die aufhorchen ließen. In diesem Lehrer-Zirkel ist es nicht anders. Die Zirkelmitglieder stecken voller Erlebnisse und Lebenserfahrungen, verstehen aber selten, daraus Literatur zu formen.

Kunst braucht die Kunst des Erfindens.

Trotzdem lohnt es, solche Zirkel zusammenzuhalten. Sie sind für manchen Teilnehmer eine geistige Heimat.

Eine ältere Lehrerin: »Ich kann es immer gar nicht erwarten, daß wir uns treffen.«

Wichtig ist auch, daß die Teilnehmer begreifen: Schreiben ist harte Arbeit, erfordert Phantasie, verlangt die ganze Persönlichkeit, setzt voraus, ständig zu lesen.

* *

Erinnerungen
An Zirkelgeschichten, Zirkelgespräche

Eine Laborantin liest Liebesgedichte vor. In einem schreibt sie, wie die Liebenden im Roggen liegen.

Meldet sich ein älterer Arbeiter: »Kollegen, zunächst möchte ich doch feststellen, daß es verboten ist, den Roggen der Genossenschaft zu betreten.«

»Liest du viel?«

»Nee, ich schreibe doch.«

»Deiner Geschichte fehlt die Idee.«

»Na, was denn noch? Reicht die Geschichte nicht?«

»Geschichten liegen auf der Straße.«

»Nein, Stoff für Geschichten.«

»Ist da ein Unterschied?«

»Aber ja, aus dem Stoff mußt du erst eine Geschichte erfinden.«

»Aber dann ist doch die Geschichte gar nicht mehr, was sie wirklich war?«

Ein älterer Zirkelteilnehmer weist einen Anfänger darauf hin, daß ein Schreiber vor allem lesen muß.

Frage des Anfängers: »Verderbe ich nicht meinen Stil, wenn ich lese?«

Ein Zirkelteilnehmer verabschiedet sich. »Schreiben ist mir zu schwer, da lese ich lieber. Aber ich darf doch immer mal wieder kommen?«

Eine Zirkelteilnehmerin: »Was denn, noch mal überarbeiten? Ich hab's doch schon dreimal geändert.«

Ein Zirkelteilnehmer liest ein Friedensgedicht vor. Ich kritisiere: »Dem Gedicht fehlt die Idee. Das ist eigentlich gar kein Gedicht.«

»Hast du was gegen den Frieden?«

»Nein, aber gegen gereimte Phrasen.«

Eine Zirkelteilnehmerin liest ein Gedicht vor. Darin steht die Zeile: »Am Horizont ein Schwarm Flugzeuge ...«

Einwand eines anderen: Schwarm Flugzeuge geht nicht.

Die Zirkelteilnehmerin: »Wenn ich es aber so gesehen habe; ich hatte keine Brille mit.«

* *

Einkauf in der Kaufhalle im Neubauzentrum S. Auf den Abstellplätzen Auto an Auto. Wie viele mögen von Leuten sein, die um die Ecke wohnen?

An der Ladenkasse die junge Frau, blaß, müde. Kein Wunder in dieser Luft. Wie anstrengend muß es sein, stundenlang mit der einen Hand die Waren von einem Korb in den anderen zu legen, mit der anderen Hand den Preis zu tippen, Geld abzunehmen, zu zählen, einzusortieren, herauszugeben. Geduldsarbeit; nichts für Feuerköpfe.

Mich würde das ständige monotone Scheppern der rollenden Einkaufskörbe vom Stuhl treiben.

Ob die Frau an der Kasse Geduld und Kraft hat, ihrem Kind am Abend noch eine Geschichte vorzulesen?

Der mürrische Montagmorgen. Timm schlürft seinen Kaffee, raucht hastig.

»Muß heute auf den Acker, Rüben roden; alle müssen, auch die Verwaltung; wie mich das ankotzt.«

»Sicher eine Notmaßnahme; der Winter steht vor der Tür.«

»Was gehen mich die Rüben an? Ich bin als Tischler eingestellt und nagle wochenlang Leitern. Jetzt soll ich auch noch ihre Rüben aus dem Dreck ziehen.«

»Dein Unwille – verständlich. Aber es kann doch nicht nur nach deinem Kopf gehen.«

»Die haben doch Maschinen.«

»Es hat tagelang geregnet.«

Mein Sohn winkt ab, als wollte er sagen: Mit dir ist ja nicht zu reden.

Es wird dauern, bis er begreift: Nur wer zuerst Normales schafft, wird zu gegebener Zeit Außergewöhnliches leisten können.

Postanweisung für Timm; einhundert Mark. Absender: seine Schwester. Ich habe wohl große Frageaugen, als ich meinem Sohn das Geld und den Anweisungsabschnitt in die Hand drücke.

Seine Augen leuchten. »Ja, zusammenhalten muß man.«

Und ich werde gewiß am kommenden Sonntag von meiner lieben Tochter treuherzig angeblickt, mit Schmeichelworten bedacht und flüsternd gefragt werden: »Hast wieder Kleingeld für mich?«

»Du schläfst mit M. wie mit einer Ehefrau. Warum heiratest du sie nicht?«

»Wer denkt denn gleich ans Heiraten.«

»Warum willst du nicht?«

»Heiraten macht nicht lange glücklich; man kann auch zusammen leben.«

»Und wenn ein Kind kommt?«

»Dafür ist sie zuständig; soll sie doch die Pille nehmen.«

Wie einfach das ist: Soll sie die Pille nehmen! Ein verachtenswerter Egoismus. Natürlich kann sie die Pille nehmen. Sie ist gleichberechtigt. Aber die Haltung meines Sohnes ist miserabel, wie mir scheint.

Oder sehe ich das falsch? Ich bin noch mit der Einstellung aufgewachsen: Wenn eine Frau ein Kind kriegt, hast du sie zu heiraten. Wie viele Ängste ständig, daß »etwas passiert«. Welche entsetzlichen Zwangsverbindungen unter dem Standesamtssiegel; Zweisamkeiten, weder von Achtung noch Würde getragen. Wie viele alleinstehende Mütter mit Kind, die Verachtung und Schmähung erdulden.

Die Pille enthebt mancher Sorgen, verlangt aber auch eine neue Moral für das Miteinander.

* *

ERINNERUNG

Silberhochzeit meiner Eltern. Sie wird im Mai gefeiert. Mir wird plötzlich bewußt: Meine lieben »Alten« »mußten« auch heiraten; ich kam schon im Oktober zur Welt.

»Eiei, ihr Losen«, sage ich.

Da sehe ich Vater zum ersten Male rot, Mutter zum ersten Male verlegen werden.

* *

Dicke, schwere Flocken trudeln zur Erde, zerstäuben an den Zweigen der Apfelbäume, an trockenen Asternstengeln. Lautlos und langsam wickelt sich der Tag aus der Nacht.

Traum: Werde gejagt, gehetzt. Bajonettspitzen durchbohren meinen Leib. Ich erwache schweißnaß.

Immer wieder Kriegsträume – immer noch Kriegsträume.

Die alte K. aus dem Dorfe fragt, ob mein Tischlersohn einen Sensenbaum für sie bauen könnte.

»Ich werde mit ihm sprechen.«

»Jaja, die jungen Leute von heute muß man erst lange bitten.«

Dezember – Sitzungsmonat. Was nicht heißen soll, daß in anderen Monaten nicht gesessen wird. Als müßten alle Institutionen ihren Plan noch schnell erfüllen: Zentrum für Kinderliteratur, Aktiv für Kinderliteratur, Kulturbund ...

Ich fahre nach B. zur Vorstandssitzung des Verbandes; der Jahresplan für das kommende Jahr soll beschlossen werden.

Auf der Autobahn die solidarischen Fahrer aus Ost und West; sie warnen sich gegenseitig mit Blinkzeichen vor Radarfallen. Eine fragwürdige Methode unserer Verkehrspolizei, den Radarschirm versteckt am Straßenrand aufzustellen. Der Chef der Verkehrspolizei würde mir sicher erklären: Die Unfallstatistik zwingt dazu, wilde Fahrer durch harte Strafen an die Verkehrsvorschriften zu binden.

Warum sind sie aggressiv?

Wer gehört dazu?

Ist das versteckte Lauern nicht auch Aggression?

Warnschilder: ACHTUNG RADARKONTROLLE erzögen auch zur Geschwindigkeitsdisziplin, und ich meine, sie entsprächen eher einer Volkspolizei als Stempel, Geldstrafen und rechthaberische Belehrungen.

Freude an jungen Kiefern; künftiger Wald. Hier kann die Axt nicht wüten.

Wie viele Risse in der Decke der neuen Autobahn. Einspuriges Fahren wegen Reparaturarbeiten; Betonsektionen werden herausgehämmert, neu gegossen.

Ein Tramper. Langes Haar. Jeans. Parker. Breiter Schal. Ein Typ, der viel Ähnlichkeit mit Timm hat. Der junge Mann ist Sohn eines Pastors, hat das Abitur mit »sehr gut« hinter sich gebracht. Arbeitet als Krankenpfleger. Will später Medizin studieren.

Eine klare Vorstellung von persönlicher Zukunft. Wenn mein Sohn sie doch auch hätte.

Ich spreche mit meinem Fahrgast über das HOHELIED Salomos; der Pastorensohn kennt lange Abschnitte auswendig. Er scheint überhaupt großen Appetit auf geistige Nahrung zu haben; er spricht begeistert über Aitmatows »Jahrhundertweg«.

Timm schleppt einen Sack voll Hobelspäne in das Haus.

»Damit du leichter Feuer machen kannst.«

Wie hat er das schwere Bündel hergeschleppt?

Timm dreht sich in meinem Zimmer und winkt mit einem Fünfmarkschein.

»Für den Sensenbaum.«

Ich bin entrüstet.

Darauf mein Sohn: »Fünf Mark – das ist doch für die Katz; bei der BHG hätte sie mehr bezahlt.«

Da fällt mir ein, wieviel Mühe ich noch vor einigen Wochen hatte, ihm zu erklären, was Trinkgeld ist. Wir waren in die Werkstatt gefahren, um das Auto zu holen. Reparaturkosten: dreihundertdreißig Mark. Ich hatte dem Meister dreihundertfünfzig gegeben.

Zu meinen Erfahrungen gehören meine eingefleischten Fehler.

Timm guckt frohgestimmt zur Tür herein.
»Die Alte hat ihre fünf Mark wieder. Zufrieden?«

Ein Weihnachtspaket. Mühsam knibbere ich die Verschnürung auf. Mein Sohn hält mir das Messer hin: »Warum diese Umstände für ein Stückchen Bindfaden?«
Nun frage ich mich: Bin ich ein Kleinkrämer? Oder sollte ich mir die Geduld bewahren für jede Kleinigkeit?

Neunzehn Grad unter Null an diesem Morgen. Das Jahresmittel beträgt in dieser Landschaft für den Winter eineinhalb Grad unter dem Gefrierpunkt.
Der Winter wird seinen Plan erfüllen.

Die Tochter unseres Freundes V. Das schlanke, dunkelblonde Mädchen wartet, bis Timm von der Arbeit kommt. Bleibt in der Nacht.
Ich frage Timm: »Schluß mit M.?«
Antwort: »Man muß doch auch andere Mädchen kennenlernen.«
Ich entgegne mit einem – natürlich wieder didaktischen – Spruch meiner Mutter: »Ein Fluß, der sich teilt, wird zum Bach.«

Wir schleppen trockenes Feuerholz von der Miete in

den Stall. Günstige Gelegenheit, das Gespräch noch einmal auf die Försterstochter zu lenken.

»Zwei Mädchen nebeneinander – muß das sein?«

Darauf bietet mein Sohn zwei Glanzstücke an Erwiderung. Zunächst eine Anekdote, die er irgendwo gehört haben will: Heinrich IV. soll von seinem Beichtvater wegen vieler Liebschaften getadelt worden sein. Darauf hat der König dem Seelentröster tagelang Rebhühner servieren lassen, bis der sich beschwerte. Darauf hat Heinrich entgegnet: »Ich wollte nur die Notwendigkeit der Abwechslung einleuchtend machen.«

Die zweite Antwort: »Du sollst zeitweilig sogar drei nebeneinander gehabt haben.«

Darauf kann ich nur schweigend an das Sprichwort denken: Kein Lehrer donnert mit Nutzen, dessen eigenes Leben kein Blitz ist.

Gestern, als Timm unter der Lampe saß und malte – Öl auf Sperrholz – eine Phantasielandschaft – hörte er Orgelmusik von Bach. Ich bin heute gleich los und habe eine Platte mit Orgelstücken gekauft. Freudestrahlend lege ich sie meinem Sohn auf den Plattenspieler.

Antwort: »Mir reicht die eine.«

Als hätte er ständig die Absicht, mich zu beleidigen, zu mißachten, zu demütigen. Doch beim näheren Betrachten mancher seiner Verhaltensweisen muß ich mir ankreiden, daß ich der Lästige bin.

Bei einer Wühlerei in alten Mappen finde ich Gedichte von Timm, geschrieben mit neun Jahren:

Der Nussknacker
Er knackt ganz einfach
jede Nuß,
und die nicht will,
muß.

Gut, wenn Kinder angeregt werden, Verse zu versuchen. Schöpferische Beschäftigung mit Literatur vertieft die Achtung vor den Leistungen der Weltkultur, fordert Phantasie heraus, verstärkt das Lesebedürfnis, verlangt, über sich und die Welt nachzudenken.

Es gibt Zeichenunterricht. Warum nicht auch Poesieunterricht?

Welch eine liebenswerte Haltung eines Elfjährigen in vier Zeilen:

Da steht ein alter Baum.
In ihm ein hohler Raum.
Darinnen wohnt der Specht.
Mir ist's recht.

Leistungen, die aufhorchen lassen. Sie sollten berücksichtigt werden bei der Lehrplangestaltung, bei der Behandlung von Literatur im Unterricht. Wenn ich in den Lehrplänen für den Literaturunterricht blättere, kriege ich den Eindruck, daß Literatur nichts weiter ist als ein Lehrmittel.

Zu Bechers »Deutschland meine Trauer« heißt es: »Die Schüler erfassen die tief empfundene Heimatliebe des Dichters ...«

Zu Brechts »Friedenslied« heißt es: »Die Schüler begreifen das Bekenntnis des Dichters zum Frieden ...«

Zu Weinerts »Eine deutsche Mutter« heißt es: »Den Schülern wird bewußt gemacht, daß der Kampf gegen den Faschismus ...«

Zu Beselers »Käuzchenkuhle« heißt es: »... soll den Schülern bewußt werden ...«

Immer wieder: Die Schüler begreifen, erfahren, lernen, erfassen, erkennen ...

Was bleibt da übrig an Genuß?

Hinter dem Hause lärmt über die Hügel hinweg die

Kette der Treiber und Jäger. Die wenigen Hasen, die den Sommer überstanden haben, sollen zur Strecke gebracht werden. Manchmal fällt ein Schuß; ein Mümmelmann überschlägt sich, Schnee stiebt auf, oder – das Tier entkommt. Ihm schicke ich ein Lächeln nach, ein freundliches Kopfnicken.

Das Wunder in der Schlehenhecke. Wie von zahllosen Sonnenfingern gedreht und an den dornigen Zweigen aneinandergereiht die blauen Schlehenkugeln. Frost hat die Perlenreihe versilbert. Amseln und Wacholderdrosseln zerstückeln die eisharten Beeren, süß jetzt, begehrt auch von Kennern unter uns, die diese dunklen Früchte in Gärballons füllen, um einen köstlichen Wein heranreifen zu lassen.

Die alte K.: »Sie haben einen guten Jungen; ein lieber Kerl ist das; der Sensenbaum ist gut; er hat mir sogar das Geld wiedergebracht.«

»Warum soll M. das Fachschulstudium aufgeben?«

»Damit wir zusammensein können.«

»Genügt das Wochenende nicht?«

»Das ewige Hin und Her.«

»Es wäre aber gut, einen Abschluß zu haben; man gibt doch ein begonnenes Studium nicht einfach auf.«

»Wozu Kindergärtnerin? Hier findet sie auch eine Arbeit.«

»Will sie denn?«

»Sie hat zu wollen.«

Was soll der wissen, der nichts versucht hat? Aber hier bahnt sich wieder ein Experiment der Unbekümmertheit an, an dessen Folgen ich nicht zu denken wage.

»Sie hat zu wollen!« – das ist Beugung einer Persönlichkeit. Das ist Handeln gegen jede Vernunft. Wie viele junge Leute bewerben sich vergeblich an einer Hoch- und Fachschule, weil die Zahl der Studienplätze beschränkt ist.

Entsetzt möchte ich lostrommeln. Ich lasse es. Schreie löschen kein Feuer.

* *

ERINNERUNG

Gegen Ende des Jahres fünfundvierzig. In unserem Hause erscheint der Antifa-Jugendleiter des Dorfes. Er redet mit Händen und Füßen auf uns ein. Im Frühjahr soll die »Vorstudienanstalt« an der Universität Halle mit der Ausbildung beginnen; im Schnellverfahren – eineinhalb Jahre, drei Semester – sollen junge Leute auf eine Reifeprüfung vorbereitet werden und danach ein Studium beginnen.

Der Jugendleiter: »Wir wollen, daß Arbeiter- und Bauernkinder studieren.«

Meine Frage: »Was ist eine Universität?«

Vater: »Wozu studieren? – Der Junge soll ordentlich arbeiten, dann verdient er sein Geld auch.«

Mutter: »Vielleicht sollte er doch lernen gehen – vielleicht kann er Lehrer werden, das ist doch ein feiner Beruf.«

Die Debatte zieht sich hin bis kurz vor Mitternacht. Dann weiß ich, was eine Universität ist.

Vater denkt schweigend darüber nach, ob es richtig war, sich überreden zu lassen.

Mutter lächelt still in sich hinein, weil sie sich durchgesetzt hat.

Der Jugendleiter steckt den unterschriebenen Fragebogen in die Tasche. »Geschafft! Ich hatte drei zu werben. Vorher sollte ich mich nicht beim Parteisekretär sehen lassen.«

* *

ERINNERUNG

Nach vier Semestern Chemie und Biologie die erste Zwischenprüfung. Wir sind eine Gruppe von drei Examinanden: Tochter eines Arztes, Tochter eines Chemikers und ich. Ort der Handlung: Das Arbeitszimmer in der Wohnung unseres Botanikers, eines etwas beleibten, grauhaarigen Professors.

Ich bin bis unter die Haarspitzen erregt. Die erste Prüfung in meinem Leben. Ich knete meine Finger. Der Atem geht rasch. Ich höre mein Herz schlagen.

Der Professor wendet sich zuerst an die Akademikertöchter. Er schäkert mit ihnen herum. Sie dürfen die Fragen wählen, dürfen sich sogar die Zensur selber geben. Dieser alte Ganter, denke ich und sage mir: Diese Prüfung dürfte gelaufen sein.

Die Mädchen lassen sich ungeniert Einsen aufschreiben. Nun bin ich an der Reihe.

»Sie sind also der ...«

Ich nenne meinen Namen.

»Sie kommen von diesem ..., na, wie nennt es sich doch gleich ..., von diesem Vorsemester?«

Ich nicke. Der Alte lächelt hämisch, die Mädchen kichern.

»Dort haben sie nach eineinhalb Jahren die Reifeprüfung abgelegt?«

Dieser abfällige Ton bringt mich in Rage. Ich schließe mich zu. Wie von weither die Frage: »Was haben Sie vorher gemacht?«

»Soldat.«

»Beruf?«

»Landarbeiter.«

Der Professor schweigt einen Augenblick. Seine Finger trommeln auf die Tischplatte. Er lächelt die Damen an und sagt: »Gut, dann wollen wir mal hören, was uns der Landarbeiter über den Bau der dikotylen Pflanze zu sagen weiß.«

Noch ehe ich den dritten, unzusammenhängenden Satz hervorgebracht habe, winkt der Professor ab. »Kommen Sie nach einem halben Jahr zur Wiederholung!«

Da wirst du aber warten müssen, denke ich und gehe grußlos aus dem Zimmer.

* *

Nach S. zu Weihnachtseinkäufen; will noch einige Schallplatten, Bücher und Fischkonserven besorgen. Die Straßen sind voller Menschen. Manche Leute kaufen, als stünde eine Hungersnot bevor. Jeder sieht jedem in das Einkaufsnetz: Was hat er? – Habe ich das auch schon? – Wo gibt es etwas Besonderes?

Auf dem Parkplatz neben dem Auto Frau und Mann; sie bepackt, er behängt.

»Haben wir nun alles?«

»Bis auf die Gans – ja; aber wir können morgen noch einmal herfahren.«

In einem Delikatladen kauft ein Mann zwei Rollschinken. Dabei sind die Augen des Käufers vom vielen Essen schon fast zugewachsen.

Ob der Mann ein erfülltes Leben führt?

Ein gefülltes führt er auf alle Fälle.

Uns macht keine Not mehr krank, wie lange aber werden wir gesund bleiben bei so unmäßigem Umgang mit Nahrung?

Angst

Ich habe keine Angst mehr,
kein Fleisch,
kein Brot,
keinen Wein zu haben.

Auch mein Nachbar
hat keine Angst mehr
vor dem Hunger.

Ich habe nur Angst,
so satt zu sein
wie mein Nachbar.

Die Fischverkäuferin: Karpfen aus dem Becken, auf den Hauklotz, mit dem Holzhammer einen Schlag auf den Kopf, mit dem Messer einen Stich in die Kiemen …, grauenvolles Handwerk.

Was mag sie für ein Mensch sein, die Fischfrau?

Das aschgraue Gesicht des Müllfahrers, der die vollen Metalltonnen durch die Hauseingänge auf die Straße rollt.

Wie weit mag dieser Mann innen schon Staub sein?

Lohgerbergasse, Töpfergasse, Schweinemarkt, Seilergäßchen, Baderstraße, Schlachterstraße.

Wie mögen die Menschen früher gelebt haben in diesen Straßen?

Erfüllt leben – dieser Gedanke flammt wie ein Dauerbrenner in mir. Bin ich nicht auch schon Konsumdenker? Beschränkt sich Genußfähigkeit nicht allzuoft auf leibliche Genüsse? Wenn ich all meine Sinne nutze, um zu genießen – was brauche ich dann eigentlich, um erfüllt und glücklich zu leben?

* *

Erinnerung

Kurz vor Weihnachten 1949. Ich habe die ersten drei Monate als Berufsschullehrer hinter mir. Ferien. Mein

Beschluß: Nach Hiddensee; ich bin noch nie am Meer gewesen. Im Rucksack ein Weißbrot von Mutter, ein Glas Marmelade, ein paar Äpfel. Im Portemonnaie: dreihundert Mark.

Ich benötige fast vierundzwanzig Stunden, um von G. in der Altmark nach Vitte zu kommen. Alle Leute auf der Insel, die ich nach einem Zimmer frage, lehnen lächelnd ab: »Wir haben doch für uns nichts zu heizen, wie sollen wir da ein Gästezimmer warm kriegen.«

Spätabends erbarmt sich eine junge Familie, mich aufzunehmen; ich muß aber im kalten Zimmer wohnen.

Fünf Tage tobe ich wie ein ausgelassenes Fohlen über die Insel, von der »Hucke« bis zum Südzipfel durchstromere ich jeden Winkel. Ich genieße Meer, Wind, Himmel, schreibe eine kleine Liebesgeschichte. Als mein Brot aufgegessen ist und der Hunger beinahe unerträglich wird, leiste ich mir ein Mittagessen zum Schwarzpreis von vierzig Mark.

Ob ich je wieder so glücklich gewesen bin wie in diesen fünf Weihnachtstagen?

* *

ERINNERUNGEN

Karlovy Vary; Busbahnhof. Ein Fernbus aus Karl-Marx-Stadt kommt an. Die Reisenden drängeln heraus. Drei Frauen und drei Männer bilden einen Kreis.

»Du gehst in den Stoffladen ..., du besorgst Bier ..., du stellst dich nach Oblaten an ...«

Spätnachmittag. Drei Männer, beladen mit Bierflaschen, johlend, steigen wieder in den Bus, die Frauen mit vollen Einkaufstaschen hinterher.

Da höre ich neben mir einen Mann sagen: »Deutsche können alle Plagen, aber keinen Durst ertragen.«

* *

Moskau. Die Wohnung einer Germanistin: ein Zimmer, Kochnische, Toilette. Das Zimmer ist rundum mit Büchern vollgepackt. Im Raum ein Tisch, ein Stuhl, eine Liege, ein schmaler Kleiderspind.

Mein Eindruck: geniale Unordnung.

Meine Frage, ob für eine Wissenschaftlerin ihres Ranges nicht eine größere Wohnung notwendig wäre, beantwortet die Doktorin: »Wozu? Ich will wissenschaftlich arbeiten, nicht Staub wischen.«

Auf der Fahrt nach Hause modelliert sich der Gedanke: Manche Leute nutzen den Sozialismus wie Kühe die Weide: zum Fressen.

Eine Fichte geklaut im EIKENKAMP. Sie ist mannshoch, gleichmäßig gewachsen, wird von der Familie bewundert. Timm äußert, was ich nicht selten gedacht habe beim Betrachten eines Weihnachtsbaumes: »Das Bäumchen hätte ein stattlicher Baum werden können.«

Weihnachtsbaum – Glücksbaum; bei den Römern waren es Öl- und Lorbeerbäume, bei den Germanen Tannentriebe, später blühende Kirschenzweige.

Möge sie Glück bringen, die duftende Fichte.

Spielvergnügen: Den Weihnachtsbaum schmücken mit Glaskugeln, Strohsternen, Holzfiguren, Kerzen. Alle beteiligen sich an dieser Spaßarbeit, nur Timm fährt mit dem Moped vom Hof. Wohin will er noch? In einer Stunde wird es dunkel sein; der »Heilige Abend« beginnt.

Spannung, Erwartung, Langeweile. Alle lauern auf die Minute, wo die Kerzen angezündet, die Geschenke verteilt werden.

Ich gehe bis zum Hohlweg, halte Ausschau nach

Timm. Daß dieser Bursche nie sagt, was er vorhat. Er kommt zu gleicher Zeit an der Haustür an wie ich. Steigt von seiner Knatterkiste, schlägt den Mantel auf und drückt mir einen jungen, schwarzen Schäferhund in die Hände.

»Dein Weihnachtsgeschenk!«

Ich bin sprachlos. Mein Sohn steht vor mir wie ein kleiner Bruder der Sonne. Rührend besorgt leitet er mich in das Haus, entwirft einen Plan über die Haltung, Unterbringung und Verpflegung unseres neuen Hausgenossen.

Fassungslos bringe ich nur die Frage über die Lippen: »Woher?«

Timm haspelt los: »Stell dir vor, aufhängen wollte er ihn; unnützer Fresser hat er gesagt; wollte ihn einfach mit dem Strick über den Ast ziehen; ein Maurer, beim Rinderstall ...«

Später: Timm holt eine Obstkiste vom Dachboden und legt zwei Frottierhandtücher hinein. Statt die herzbewegende Freude des Jungen zu teilen, pople ich mickrige Überlegungen aus meinem Gripskasten: Müssen es unbedingt gute Handtücher sein? Was fange ich bloß mit dem Hund an? Er muß gepflegt werden, ernährt, erzogen. Was geschieht mit ihm, wenn ich unterwegs bin?

Der Platz der Hundebehausung – neben dem Küchenherd.

Der Name des kleinen Kerls – eine Erfindung meiner Tochter: Friedwart.

Debatte mit G.

»Warum vermiest du mit deinen Bedenken dem Jungen die Freude?«

»Ein Hund muß gepflegt werden wie ein Kind.«

»Darüber rede später, jetzt freu dich.«

»Was mischst du dich ein? Ich habe keine Zeit, mich um den Hund zu kümmern; ich muß arbeiten.«

Fest der Liebe, Fest des Friedens – Weihnachten.

Schneller Entschluß von G., vor der Bescherung mit dem Auto nach D. in die Kirche zu fahren. Die Kinder fahren mit.

»Bloß mal gucken.«

Ich setze mich in die Küche, schäle Kartoffeln, bereite den Karpfen vor. Am Herd ruht mein schwanzwedelndes Geschenk mit den schönen, dunklen Augen. Ich versuche mich damit abzufinden, »Herrchen« zu sein. Ich schneide die Salamiwurst an, säble eine dicke Scheibe herunter; das erste Futter für meinen winselnden Hausgenossen.

Er frißt sie nicht.

Und genieße in aller Ruhe das Weihnachtsoratorium: »Jauchzet, frohlocket! Auf, preiset die Tage ...« Welch ein Weltgefühl, welch eine Lebensbejahung in Text und Musik.

Erstes Streitgespräch mit Friedwart; er hat ein Loch in meinen Filzschuh geknautscht.

Kommentar meiner Genossin Frau nach dem Kirchenbesuch: »Verdammt kalt im Hause Gottes. – Aber ein bißchen Seelenschmalz muß sein. Alle aus dem Dorf waren da; die meisten von ihnen gehen sonst auch nicht in die Kirche. Was mag der Pastor bloß gedacht haben, als er uns alle gesehen hat?«

Und dann der urige Schrei meines Weibes: »Gibt es nun endlich Essen?«

Und Timm setzt hinzu: »Und zu trinken?«

Karpfen blau – Hochgenuß!

»O du fröhliche« … Krieg in Afghanistan, Südafrika, Irak, Nikaragua …

Die vielen Pakete. Die Geschenkberge wachsen. Mein schönstes Geschenk: eine Grafik; ein Frauenkörper von der saftigen Reife eines Apfels.

Der kluge Geschmack meiner Frau.

Der erste Feiertag. Größtes Vergnügen meiner Familie – lange schlafen. Dadurch wird auch mein Tagesablauf zertrümmert. Frühstück gibt es gegen neun, Mittagessen findet nach zwei statt.

Ich gehe beim Hellwerden in den Eikenkamp. Ich weiß nicht, wie ich diese Morgenstille beschreiben soll.

Muß ich sie überhaupt beschreiben?

Die Tage zwischen Weihnachten und Neujahr ziehen unaufhaltsam und – wie mir scheint – schneller als sonst. Ich setze mich so früh wie möglich an den Schreibtisch, feile an Gedichten herum, beantworte Post, schreibe Neujahrsgrüße.

Nachmittags lese ich, sitze mit G. am Ofen; wir hören Musik, schwatzen, genießen die gemeinsamen Stunden. Zwischendurch Spaziergänge, Rehkeule spicken, Rotweinpunsch mixen für meine Damen, der ihre Köpfe heiß und ihre Zungen locker werden läßt. Mit Timm Schnee schaufeln, in Begleitung des Hundes über die Hügel streunen, Holz aus dem Wald schleppen, Holunderhecken lichten …

Tage ohne Hektik, ohne Zeitdruck.

O. aus dem Nachbardorf. Volltrunken torkelt er den Hohlweg herauf, singt, brabbelt. O. lebt nach der Devise: Was soll mir das Geld in der Taschen, lieber ist mir

Gurgelwaschen. Hinter ihm auf dem Schlitten der Sohn, schnarchend; er kann nicht mehr laufen, so betrunken ist er.

»So geiht dat uns Alten«, lallt O. und zeigt auf den Jungen.

Bemerkung von Timm: »Saustark, wie die besoffen sind.«

»Findest du das gut?«

«So voll nicht.«

Sosehr diese Szene das Zwerchfell reizt – ich finde einen Menschen unter Alkohol unmenschlich. Wie gut, daß ich vor Jahren die Kraft aufgebracht habe, keinen Wodka mehr zu trinken. Rigoros entschied ich mich über Nacht dagegen, ohne Einschränkungen. Jede andere Methode ist Selbstbetrug. Ich lehne sogar eine Weinbrandkirsche ab. Nicht selten fragen mich Kollegen: »Trinkste wieder?«

Es sind meist Leute, denen es an Konsequenz fehlt.

Für manche bin ich ein Wunder, für andere ein asoziales Phänomen. »Nicht mal zu Silvester einen Schluck?«

»Der hat keinen Humor.«

»Den hat bestimmt die Alte an die Kandare gelegt.«

»Völlig ohne ist doch kein Leben; wenigstens in Gesellschaft kannste doch einen nehmen.«

Eine Sache des Willens und des Wollens.

Mit Timm zum Einkaufen in S. Er packt in den Korb, was er sieht.

»Mann, wer soll das alles bezahlen?«

»Na du; du gibst doch sonst immer an, viel Geld zu haben.«

Ich habe in der Tat nicht selten großzügig über unser Geld gesprochen, bin freigiebig damit umgegangen. Gewiß eine Folge der dauernden Zwangsbeschränkungen in meiner Kindheit; Vater verdiente zwanzig Mark in der Woche; wir Kinder bekamen sechzig Pfennige für den Tag Rübenverziehen.

Außerdem hat der Junge manchmal Honoraranweisungen gesehen; größere Summen; Lohn für jahrelange Arbeit. Woher soll er wissen, wie lange ich dafür geschrieben hab?

Nach dem Einkauf in die Selbstbedienungsgaststätte. Timm will umkehren: »Zu dreckig hier!«

»Ich habe Hunger; hier geht es schnell.«

Wir setzen uns an einen Tisch mit fleckiger Decke. Auf dem Betonfußboden Straßendreck. Die Fensterbänke sind mit kümmernden Grünpflanzen besetzt.

Die Preisliste spricht für sich:

Schweinebraten, Sauerkraut, Kartoffeln	M 2,50
Erbseneintopf mit Fleischeinlage	M 1,20
Schnitzel, Sauerkraut, Kartoffeln	M 2,80

Warum aber dieser Schmutz überall? Essen gehört zur Kultur des Menschen. Eine Mahlzeit sollte immer ein kleines Fest sein.

Timm zeigt auf die Großfotos der Regierenden: »Und die müßten sich jeden Tag diesen Dreck ansehen.«

Beethovens Neunte im Fernsehen. G. lächelt mich an. Wir erinnern uns an die Jahre in Leipzig. Dort haben wir beinahe an jedem Silvesterabend im Gewandhaus gesessen.

Der Sternenhimmel. Das Jauchzen meiner Kinder über die Raketen, die Timm abfeuert. Das Lächeln meiner schönen Frau. Glockenläuten.

Das neue Jahr.

Januar

In schreiender Stille dämmert der Neujahrsmorgen. Als wäre die Erde erschöpft und müßte sich erholen vom Tohuwabohu der Silvesternacht. Der Mensch braucht wohl Gebrüll und Gedonner.

Ruhe auch im Hause. Die Zechköpfe schlafen ihre Räusche aus. Ich fühle mit ihnen. Ich erinnere mich, wie wohltuend es ist, wenn sich der Druck aus der Stirnhöhle löst, die Zunge wieder Geschmack am Geschmack findet.

Ich heize, schlürfe heißen Tee, setze mich an die Schreibmaschine. Abergläubisch, wie ich bin, rede ich mir seit Jahren ein: So, wie du am ersten Tage des Jahres arbeitest, wirst du das ganze Jahr über schaffen.

Ich werde wohl mein Leben lang nachholen müssen, was mir in den ersten neunzehn Jahren verwehrt war: lesen; Märchen, Gedichte, Sagen, Romane, Erzählungen.

Wie verzaubert genieße ich Das Lied der Lieder von Schelomo – auch ein Weihnachtsgeschenk von G. Im Nachwort des Buches wird Herder zitiert: »... morgenländische Liebe erläutern, d.i. die Nacktheit noch nackter machen.«

Wie wahr!

Die schneeverwehten Hügel. Darüber der Wanderwolkenhimmel. Ein kesser Wind wirft sich auf mich. Zerrt an meiner offenen Jacke. Massiert meine Wangen rot. Strubbelt in meinen Haaren. Ich hole tief Luft, schnappe dem streunenden Gesellen einige kräftige Atemzüge weg; winzige Tropfen aus dem endlosen Raum Welt.

Wo mögen sie gestern ausgeatmet worden sein?

Timm ist mir über die Hügel gefolgt. Jetzt steht er vor mir, zieht für jeden einen Apfel aus der Tasche, beißt in seinen und sagt: »Bist heute so traurig; das gefällt mir nicht.«

Mit Hallo und Stapfeschritten kommt die ganze Familie am KULLERBERG an; den Namen hat er vor Jahren von meiner Tochter bekommen.

Timm wirft sich bäuchlings auf einen Schlitten und kuft jauchzend zu den Moorbirken hinunter. Seine Mutter mit dem zweiten Schlitten ahmt ihm nach, ungeschickter nur, schreit dafür aber um so lauter, daß eine Rotte Wildschweine aufschreckt, aus dem Unterholz bricht und grunzend zum EIKENKAMP hinüberwechselt.

Ich mische mich in das Geschehen. Zwischen zwei Abfahrten überlege ich: Warum spielen wir nicht öfter so unbeschwert Kind?

Timm kommt aus der Dorfschenke, riecht nach Bier. Sein Hemd ist eingerissen. Ist er gestürzt? Hat er sich geprügelt? Warum? Mit wem?

Ich empfinde Abscheu, wenn sich Erwachsene schlagen. Weder als Junge noch als Jüngling habe ich je die Hand gegen andere erhoben. Einmal wollte mich ein Betrunkener verhauen, weil ich sein Mädchen angeguckt hatte. Obwohl ein Hieb von mir genügt hätte, diesen Wackelmann auf das Kreuz zu legen, hatte ich mich aber schleunigst aus dem Staube gemacht. Mein Bedürfnis nach Harmonie ist stärker als die Lust zum Streit.

Bei Timm ist das wohl anders.

Auskunft: »Da waren zwei sone Typen, die sich um eine Ische kloppen wollten. Na ja, da hab ich mich eingemischt und eine gefangen ...«

In der Schenke können auch die Prügel beziehen, die nicht betrunken sind.

Später: »Zu schade, daß du nicht mehr trinkst. Ich würde so gerne mal einen mit dir heben. Früher warst du viel lustiger.«

Die Tageszeitungen sind voller Kämpfe: Kampfpositionen, Kampf um den Plan, Kampf gegen den Schnee, Kampf um Futterreserven, Kampf gegen die Verspätungen ...

»Fährst am Sonnabend zu Mutter?«

»Sie will kommen; wir wollen mit dir deinen Geburtstag feiern.«

»Ich hab geschrieben, daß wir später feiern; fürs Wochenende hab ich Freunde eingeladen.«

»Na, hast du da keinen Platz mehr für uns?«

»Es können dreißig, vierzig werden.«

Mein erster Gedanke: Der Bursche ist größenwahnsinnig. Ein Geburtstag ist doch keine Hochzeit.

Aber die Peitsche, die immer knallt, achten die Pferde nicht; was geht es mich an, wie viele Leute er zu seinem Geburtstag einlädt. Wenn er seine Eltern nicht haben will, soll er es bleiben lassen.

Sonnabend. Ich fahre in die Stadt. G. ist nicht weniger verärgert als ich.

»Wir hätten doch dort sein sollen; vierzig Leute – da wird das Haus hinterher aussehen wie ein verlassener Rummelplatz.«

»Er hat versprochen, wieder sauberzumachen.«

»Du kennst ihn; nichts wird passieren.«

»Vielleicht ist es gut so; Jugend will unter Jugend sein.«

Am späten Abend bittet G.: »Fahr, dann bist du wenigstens im Hause; kannst dich ja verziehen.«

Das hellerleuchtete Gebäude. Ich kriege kaum noch

Luft, als ich das Wohnzimmer betrete. In allen Ecken brennen Kerzen. Rekorder schreien. Zigaretten glimmen. Auf den Fußböden, Stühlen, Bänken – überall junge Leute, langhaarig, kurzhaarig, ohne Bart, mit Bart, manche mit einem freundlichen Blick für mich, andere mit der Frage in den Augen: Was will denn dieser alte Knacker hier?

Zwischen den jungen Männern Mädchen. Wohin ich trete, leere Weinflaschen, Bierpullen. Einige Paare tanzen eng umschlungen, andere weit voneinander getrennt.

Allein auf der Ofenbank mein Sohn. Er hält ein leeres Wodkaglas in der Hand und lallt: »Bist ja schon da. Ist Mutter auch mit?«

»Du wolltest doch nicht, daß sie kommt.«

Langes, nachdenkliches Nicken.

Ich drücke dem Jungen unser Geschenk in die Hand; einen Bildband über Otto Dix.

Timm gibt mir einen feuchten Kuß auf die Wange. »Danke! – Das Buch fetzt.«

Ich frage nach seiner Freundin M.

Antwort: »Die muß hier irgendwo rumsitzen.«

Jetzt hängt sich ein Mädchen an seinen Hals.

Zeit für mich, schlafen zu gehen.

Beim Einduseln der Gedanke: Warum hat er mich seinen Freunden nicht vorgestellt?

Da sagt der Wind zum Winter: Schäm dich, so dreckig herumzulaufen!

Und dann stülpt er ihm ein frisches, gestärktes weißes Hemd über.

Timm lacht, weil ich wieder mit einem Kofferraum voll Holz aus dem Wald gefahren komme. Ich kann es nicht lassen, im laufenden Winter schon an den kommenden zu denken.

Namen, die mein Sohn für mich erfunden hat: Holzpinkel, Holzwurm, Holzdieb, Knüppelhexerich, Kienkopp, Baumschlund.

Glasklarer Morgen. Wie eine Orange die Sonne im Frühdunst. Zwölf Minusgrade. Timm fährt vom Hof. Wohin will er so zeitig am Sonntag?

»Schilf schneiden für den Pastor; seine Scheune muß gedeckt werden.«

Zum Pastor. – Was hat Timm denn mit dem Seelsorger zu tun? Keiner aus der Familie hat je mit der Religion Berührung gehabt. Wahrscheinlich hält er es für unwichtig, mich zu informieren, weil er meine Einsprüche erwartet, deren er überdrüssig ist.

Am Nachmittag tritt Timm in das Haus, grau wie eine Feldmaus, ausgelassen pfeifend. Verschlingt zwei Teller lauwarme Gulaschsuppe. Jachtert mit Friedwart herum.

»War der Pastor auch beim Schilfschneiden?«

»Na klar. Bis er zum Gottesdienst mußte.«

Und dann erfahre ich, daß der Geistliche mit den jungen Leuten über den viel umstrittenen Satz des Jesaja aus dem 2. Kapitel gesprochen hat: »Und er wird richten unter den Heiden und strafen viele Völker. Da werden sie ihre Schwerter zu Pflugscharen und ihre Spieße zu Sicheln machen. Denn es wird kein Volk wider das andere ein Schwert aufheben, und werden hinfort nicht mehr Kriege lernen.«

Ich äußere den ketzerischen Gedanken: Ob mein Sohn so zeitig aus dem Bett kommen würde, wenn der FDJ-Sekretär zu einem Arbeitseinsatz riefe.

Antwort: »Den kenne ich doch gar nicht.«

»Warum kümmerst du dich nicht?«

»Wozu? – Wenn er was will, soll er doch kommen. Was soll der Quatsch mit der Ausfragerei überhaupt?«

»Ich wundere mich, daß du zum Pastor gehst.«

»Bei dem kann ich über alles reden, der belegt mich nicht immer gleich.«

Stumme Zustimmung. Auch ich mag Leute nicht, die wie ausgestreckte Zeigefinger herumlaufen. Wenn mir einer erklärt: Das siehst du falsch!, nehme ich ihn auf die Schippe: Ein Glück, daß es dich gibt, der alles richtig sieht.

Die Nistkästen von den Bäumen genommen, gesäubert. Einige Streifen Bauchspeck an die Zweige gehängt.

Der Rangstreit der Vögel: Die Kohlmeisen werden von den Amseln verjagt, die Amseln von den Eichelhähern.

Timm spät zu Hause. Mürrisch schlingt er das Abendessen hinunter.

»Scheißversammlung!«

»Worum ging es?«

»Die haben über Stallneubau gequatscht, über Maschinen, die sie kaufen wollen. Was geht mich dieser Quatsch an.«

Mein selbstherrliches Kind. Was nicht seinem Maß entspricht, wird als Quatsch oder Scheiß abgetan.

Timm wollte in die Stadt fahren. Wütend kommt er in das Haus zurück. »Dieser verdammte Bus! – Eine Minute zu früh abgefahren.«

Ich lächle. »Vielleicht bist du eine Minute zu spät aufgestanden?«

Hinter dem Dorf die Strohmiete, dreihundert Meter weg vom Rinderstall. Zweimal am Tage ein Kran und ein Trecker mit Hänger zum Strohladen. Ein Pferd und ein Mann könnten diese Arbeit auch bewältigen.

Bequemlichkeit ist der Anfang der Faulheit.

Uralte jüdische Weisheit: »Darum sah ich, daß nichts Besseres ist, denn daß der Mensch fröhlich sei in seiner Arbeit, denn das ist sein Teil.«

Geräucherte Putenbrust – eine Delikatesse.

Timm sieht zu, wie ich esse, streichelt den Hund und sagt: »Da kriegst 'n Auge, wa? Dein Herrchen mampft sich voll, und für dich vergißt er Knochen zu kaufen.«

Schlittschuhlaufen – ich konnte es einmal und wüßte nicht zu sagen, wie ich es gelernt hab.

Vorhin habe ich's am SANDSOLL versucht.

Nie wieder!

Es sei denn, den alten Esel sticht noch einmal der Hafer, und er steigt auf das Eis, um seinen Kindern eine Kasperlevorstellung zu bieten.

Heute habe ich schamlos behauptet, sechzehneinhalb zu sein. Nach der Lesung von Nonsens-Gedichten in einer zweiten Klasse fragt ein Mädchen: »Wie alt bist du?«

»Sechzehneinhalb.«

»Quatsch!«

»Kein Quatsch. Außen bin ich zwar schon sehr alt, aber im Kopfe sechzehneinhalb und möchte es immer bleiben.«

»Geht denn das?«

»Klar.«

»Und wie?«

»Über alles freuen, was schön ist, traurig sein, wenn ich traurig sein möchte, nie so werden wie manche Erwachsene, die nur noch muffmuff sagen und nichts mehr richtig genießen können. Und vor allem: Ich möchte mein Leben lang in die Schule gehen, lernen.«

»Du gehst noch in die Schule?«

»Soll ich es beweisen?«

Ich lese ein Dutzend »Schulgedichte« vor.

Das Mädchen lächelt. »Gut, innen bist du sechzehneinhalb, und wie alt bist du außen?«

Wir trotten in Richtung Dorf. »Erzähl mal ein bißchen von früher«, sagt mein Sohn. Ich erzähle aus meiner Schulzeit: Über die Zweiklassenschule, über die Rohrstöcke, die wir zum Zerplatzen brachten, indem wir sie mit Zwiebeln einrieben, über die Marmorplatte über der Eingangstür mit dem Spruch: FREUDE IST ALLES, unter der unser Lehrer Schmidt stand und den Rohrstock schwang, wenn wir nicht im Gleichschritt liefen. Über die Dummheiten, die wir uns einfallen ließen: Zwecke auf den Lehrerstuhl legen, Maikäfer starten lassen, die Kreide naß machen, Mäuse in den Lehrmittelschrank setzen, den Mädchen die Zöpfe an die Banklehne binden. Über die erbarmungslosen Hiebe, wenn wir tags zuvor den Baron nicht ordentlich gegrüßt hatten oder in der Stunde den Schieferstift über die Tafel quietschen ließen.

Vor uns her schnüffelt der Hund über den festgefahrenen Schnee. Beim Birnbaum der mächtige Granitstein, vor Jahren von einem Pflug freigelegt und dann mühevoll von einem Kran an den Feldrand geschleppt. Friedwart bleibt davor stehen und kläfft.

»Alles, was er nicht kennt, bellt er an«, sagt Timm, setzt den Hund mit leichtem Schwung auf die Steinglatze, und schon herrscht Ruhe.

Am Dorfeingang der alte K. mit seinem Dackel. Das Tier wirft sich in die Leine, geifert, hechelt.

»Bist du jetzt endlich still!« ruft K.

Der Mann lächelt, als wollte er sich entschuldigen. »Der Bursche zerrt immer so wild an der Leine, wenn er einen anderen Hund sieht; das muß ich ihm noch abgewöhnen.«

Mein Sohn, nachdem K. an uns vorbei ist: Alles wollen sie dressieren, alles.«

Entsetzliche Überraschungen:

Der Verlag lehnt die Gedichte ab, die für ein Jahrbuch gedacht waren.

Die Wasserpumpe setzt wieder aus.

Beim Versuch, die Einstiegsluke zum Brunnenschacht zu öffnen, breche ich ein Brett aus dem Deckel.

Auf dem Ofen brennt die Haferflockensuppe an; das Haus stinkt; der Topf ist schrottreif.

Dann Timm mit dreckigen Stiefeln durch das Haus.

Ich schreie: »Bin keine Reinigungskraft!«

Darauf er: »Laß mich doch in Ruhe!«

»Was erlaubst du dir?«

»Rutsch mir den Buckel runter. Ich hab andere Dinge im Kopf als deine dreckige Küche.«

Wo es an Argumenten fehlt, gebraucht man die Fäuste – ich hole aus, schlage zu.

Timm wehrt sich.

Ich stolpere, falle auf die Stufen des Hauseinganges.

Gestern kein Wort.

Heute kein Wort.

Timm geht mir aus dem Wege.

Ich laufe herum wie benommen. Kaufe im Konsum, was ich nicht brauche. Schleppe schwere Äste aus dem Wald, säge, hacke. Fange alles an, lasse alles liegen. Komme mehrmals am Tage ins Schwitzen. Döse abends völlig erschöpft ein. Ich habe das Gefühl, mich in einem schwarzen Tunnel zu bewegen.

Wie konnte ich mich so gehenlassen.

Streit mit G.

»So alt und noch so dumm.«

»So redet, wer zusieht.«

»Ich bin jahrelang mit ihm fertig geworden ohne Schläge.«

»Also alles sich bieten lassen.«

»Nein, aber nicht schlagen.«

»Gehen dir die Nerven nie durch?«

»Er war dabei, seine Leinen bei dir festzumachen; du hast sie zerhackt.«

»Davon stirbt er nicht.«

»Er nicht, aber etwas in ihm für dich.«

Bei Timm im Zimmer alles unverändert. Aber neben der Tür ein Koffer. Mir ist, als würde die Brust mit einer Schraubzwinge zusammengedrückt.

Ich muß mit ihm sprechen, egal, was kommt.

Oder nicht mit ihm sprechen? Den gepackten Koffer gleich vor die Tür stellen? Ist es nicht ungeheuerlich, daß er die Hand gegen seinen Vater erhebt?

Bleib mit den Beinen auf der Erde, Alter! Du hast zuerst geschlagen.

Ich war selten so verzweifelt. Wäre ich gottgläubig, würde ich ausrufen wie David im 51. Psalm: »Entsündige mich mit Ysop, daß ich rein werde; wasche mich, daß ich schneeweiß werde.«

G.: »Man schlägt einen Esel heraus und zehn hinein.«

Flucht unter den Schirm der Musik; Beethoven, 7. Sinfonie. Sie hat mich oft aus seelischen Unwettern gerettet; diese tröstenden, einschmeichelnden Gedanken im zweiten Satz, dieser Jubel im Schlußteil.

Aber heute geht jeder Akkord vorbei. Ich bin kläglich müde, einfallslos, unentschlossen. Mir ist, als ginge ich neben mir her. Schlafen, schnell schlafen! Morgen sieht die Welt anders aus – vielleicht freundlicher.

Timm kommt spät. Er nimmt den Hund auf den Arm

und steigt, ohne mich eines Blickes zu würdigen, in die Dachkammer.

So geht es nun schon drei Abende.

Hinfallen ist keine Schande, aber liegenbleiben, sage ich mir, schiebe den jammertönigen Leierkasten meines Selbstmitleides von der Straße meiner Gedanken, gehe die Treppe hinauf, klopfe an die Tür und trete ein.

Mein Sohn liegt auf dem Bett. Der Hund ruht daneben.

Unentschlossen bleibe ich auf der Schwelle stehen.

»Setz dich doch«, sagt Timm verhalten, ohne sich umzusehen.

Ich hocke mich auf den Rand der Liege, halte ihm eine Zigarette hin. Meine Hand zittert. Mir ist flau im Magen. Sieht es nicht nach Anbiedern aus, was ich mache?

Timm klopft das Tabakende des Glimmstengels mehrmals auf den Daumennagel und sagt: »Entschuldige das von vorgestern abend.«

Meine schnelle Antwort: »Entschuldige das von vorgestern abend.«

Bevor ich das Zimmer verlasse, die Frage: »Wozu der Koffer?«

»Darin hat Mutter Wäsche mitgebracht.«

Gespräch mit G.: »Kein Wunder bei unseren Scheißfamilienverhältnissen.«

»Ihr hättet ja alle mit nach hier ziehen können.«

»Du hättest dich ja öfter in der Stadt sehen lassen können.«

In der ankommenden Post eine Karte aus Paris von einem Andreas. Timm liest und seufzt: »Der hat es gut! – Paris!«

»Wer ist das?«

»Ein Kumpel.«

»Und wie kommt der nach Paris?«

»Er ist vor Jahren nach drüben abgehauen.«

»Was macht er?«

»Mal den Job, mal den Job.«

Seit Tagen Stromabschaltungen. Eisige Kälte läßt die Kohlevorräte schrumpfen; Energie wird knapp.

Manche Leute scheinen erst im Winter an den Winter zu denken.

Mir kommt es vor, als wäre unsere harte Auseinandersetzung eine Zäsur gewesen.

Morgens – abends – wir sprechen wieder miteinander – behutsamer, rücksichtsvoller. Als hätte jeder vor dem anderen Gewissensbisse. Als hätten wir erst teuer bezahlen müssen, was uns jetzt trägt: gefühlvolle Achtung füreinander. Unsere Worte sind nicht mehr gezielte Bolzen, unsere Handlungen keine faulen Äpfel.

Für mich ist der Schnee wieder weiß, die Suppe schmeckt wieder nach Bohnen, die Schreibmaschine ruft mich wieder.

»Schalte mal unseren Sender ein, Mutter hat Frühdienst.«

»Das arme Schwein, von fünf bis zehn vor der Röhre sitzen.«

Später: »Flotte Ische, unsere Mutter, wa?«

Später: »Kesse Lippe die Alte; gut, wie sie das macht!«

Später: »Flotte Musik bringen sie ja auf ihrem Sender, aber die Produktionskommentare immer dazwischen ...«

Ich habe Teig geknetet, die Angel vorbereitet. Timm ist Feuer und Flamme, als ich vorschlage, angeln zu fahren.

Am Schilfgürtel Kinder mit Schlitten. Timm knukkert: »Haut ab da, das Eis ist an dieser Stelle noch brüchig.«

Ich stubse ihn an. »Meckere nicht; die können selber denken.«

Wir bringen nicht den Schwanz eines Fisches nach Hause. Und wir haben natürlich wie jeder zünftige Angler hundert Entschuldigungen, warum kein Barsch gebissen hat:

Zu kalt.

Zu windig.

Das Eisloch war zu groß.

Die falsche Stelle.

Kein richtiger Köder.

Am warmen Ofen mein Sohn; er malt ein Selbstporträt: Das Gesicht, von langen, dunklen Haaren eingerahmt, hat nur ein Auge. Aus der schwarzen, leeren Höhle des zweiten dringt ein stechender, heller Lichtstrahl.

Erschreckend, wie der Junge sich sieht.

Versuch dein Glück – in diesem Satz lebt die einfache Wahrheit: Versuch, glücklich zu werden. Worin sollte sonst der tiefste Sinn des Lebens, dieses einmaligen, kurzen Daseins liegen?

Timm hat die feste Absicht: Weg von der Genossenschaft!

»Weißt du denn genau, was du anfangen willst?«

»Nein.«

Mein Denkanstoß: »Such, aber such nicht wahllos.«

»Wird sich schon was finden.«

Bin wohlig müde, habe den Schafstall ausgemistet, zwei Baumstubben gerodet und zerstückelt.

Den ganzen Tag Buttermilch; der Winterspeck muß von den Rippen.

Wie vermutet – Timm hat den Hund mehr für sich als für mich in das Haus gebracht. Der Junge kommt mit seinem lebenden Spielzeug von einem Spaziergang zurück und erklärt mir im lehrhaften Ton: »Dieser Bursche macht, was er will. Den muß ich noch ganz schön erziehen.«

Ich lächle und sage: »Alles wollen sie dressieren, alles.«

Wie elastisch müssen die Beine des Hasen sein, der vor mir her seine Haken über den Sturzacker schlägt, auf dem ich mir beinahe im Langsamgang die Beine breche.

Die Küche gleicht einer Werkstatt. Timm hat sein Moped auseinandergenommen, reinigt die Teile, fügt sie wieder zusammen. Ich staune über seine technischen Fähigkeiten, die sich weder bei seiner Mutter noch bei mir finden lassen.

Ich betrachte den Jungen und frage mich wieder: Wie konntest du ihn schlagen?

Nachteil? – Vorteil? – Das alte Haus hält immer in Bewegung. Mal ist hier ein Dachziegel auszuwechseln, mal sind dort neue Fenster einzusetzen.

Heute habe ich den Dachboden gefegt. Der Wind hat viel Schnee durch die Ritzen gestäubt. Bewegung ist gut für den Kreislauf des Körpers, der stundenlang am Schreibtisch hockt.

Schüttelkälte. Punschwunsch.

Wie dunkle Späne den Weg entlang die Wacholderdrosseln vor mir her.

Eisblumen am Fenster.

Davor die blühenden Zweige der Forsythie in der Vase.

Wieviel Poesie überall.

Stockdunkle Nacht. Unter meinen Stiefelsohlen matscht Schnee. Vor mir das Nachbardorf. Die Straßenlampen leuchten. Laute Musik.

Im Strohkaten ist Disco.

Ich trete an das Fenster. In einem schmalen Raum Tische, Stühle. Junge Leute unter Tabakrauch. Auf den Tischplatten Flaschen, Gläser. Im Hintergrund die Tür zum Nebenraum; dort wird getanzt. Ich schaue von einem Tisch zum anderen. Wo steckt mein Sohn?

Da tippt eine Hand auf meine Schulter. Ich erschrecke.

»Komm doch rein.«

Ich zögere einen Augenblick. Was soll ich in dieser Rummelkiste voll Rauch und Krach?

Timm zieht an meinem Arm. Ich nicke, folge ihm.

Viele Jugendliche kennen mich, grüßen. Manche staunen, andere kichern, flüstern.

Timm bringt ein Glas Cola. »Trink!« Und dann: »Willst nicht tanzen?«

Als müßte ich meinem Sohn zeigen, was noch in den verkalkten Knochen steckt, hüpfe ich beinahe eine Stunde auf den Dielen herum, schwenke ein Mädchen nach dem anderen, singe Schlagerfetzen, stampfe, zappele, dampfe wie ein Traktor vor dem Winterpflug. Auf dem Nachhauseweg, spät nach Mitternacht, hakt sich mein leicht schwankender Junge bei mir ein, stubst seinen Ellenbogen in meine Rippen und sagt: »Mensch, wie du tanzen kannst! – Und wie du die Ischen angemacht hast.«

Februar

Ein stummer Schrei nach innen. In einer Illustrierten ein Bild: An den Beinen aufgehängt eine Indiofrau. Davor zwei Männer wie Metzger vor einem hochgezogenen Rind; der eine zerteilt die Frau mit der Machete.

Menschen, aus einem Schoß gekommen wie der, den sie gerade zerteilen.

Wer hat diese Verbrecher zu Verbrechern gemacht?

* *

ERINNERUNG

Der letzte Kriegswinter. In einem »Kolonialwarenladen« eines kleinen Dorfes an der Mulde will eine Mutter für ihre Kinder einen Riegel Margarine, Brot und Marmelade kaufen.

Der Händler zuckt mit der Schulter. »Alles alle geworden, jetzt geht viel an die Front.«

Die Frau empört: »Ich pfeife auf die Front, meine Kinder haben Hunger.«

Der Kaufmann, später von einem russischen Offizier befragt, warum er die Frau denunziert und an den Galgen geliefert hat, antwortet: »Sie hat unseren Endsieg bedroht.«

* *

Das Bild aus der Zeitung läßt mich nicht los.

Traum: Meine Tochter, an den Beinen aufgehängt, schreiend ...

Ein Bekannter von Timm, ein Fahrzeugschlosser. Er erzählt vom Arbeitseinsatz am Wochenende; wegen vorangegangener Stromabschaltungen hat die Regierung aufgerufen, am Sonnabend zu arbeiten, damit der Jahresplan nicht »in Gefahr« kommt.

Der junge Mann schwärmt: »Das war eine Wucht,

wir hatten eine schöne warme Bude, Ersatzteile waren auch da, gutes Mittagessen ...«

»Habt ihr denn wenigstens was geschafft?« frage ich.

Lachende Antwort: »Klar, die eigenen Autos.«

Nun lacht auch Timm so laut, daß es mir weh tut.

Timm mit verwildertem Haar. Einige Strähnen sind abgeschnitten. Er ist damit in die Holzdrehbank gekommen.

»Willst nicht alle abschneiden lassen?«

»Geht nicht, habe gewettet.«

»Um was?«

»Kann ich nicht sagen; ich habe mein Wort gegeben.«

»Wie lange gilt die Wette?«

»Bis ich zur Armee komme.«

Später: »Ob die mich im Mai ziehen? – Wenn ich das doch bloß erst hinter mir hätte.«

Später: »Die lassen mich zappeln, weil ich mich nicht für drei Jahre verpflichtet habe.«

»Armee hat auch angenehme Seiten. Lernst Leute kennen, findest neue Freunde, hast gemeinsame Erlebnisse ...«

»Hör auf, mich zu belegen. Weiß ich selber. Gemeinsame Erlebnisse kann ich hier auch haben.«

Später: »Kannst mir sagen, wozu wir Armee brauchen, wenn ein Knopfdruck genügt, um die Erde kaputtzumachen?«

Meine sauber geordneten Antworten melden sich: Frieden muß bewaffnet sein – wir müssen auch auf einen konventionellen Krieg eingestellt sein – diese Gesellschaft hat Errungenschaften, die verteidigt werden müssen ...

Aber ich hüte sie wohlbehalten unter der Zunge. Wenn ich den Jungen jetzt weiter »belegen« würde, würde er mir den Rücken zudrehen.

Ob es den Offizieren gelingen wird, was den Lehrern und auch uns nicht gelungen ist, jungen Leuten mit der Haltung meines Sohnes beizubringen, warum sie eine Uniform anziehen müssen?

* *

ERINNERUNG

Der Krieg in den letzten Zügen. Aus dem Kessel bei Königs Wusterhausen entkommen, strebe ich im Sog versprengter Wehrmachtstruppenteile westwärts. In zermürbten Gruppen hetzen wir über ein Weidegebiet, von Koppelzaun zu Koppelzaun. Von einer Straße her beschießen uns sowjetische Panzer: Plubb-bum – plubb-bum ...

Mit jeder Granate fliegen zwei, drei Flüchtende in die Luft. Jetzt wirbeln dicht hinter mir zwei Männer in die Koppeldrähte. Der eine schreit markerschütternd. Mich packt Angst und – verzweifelte Wut. Ich renne und fluche: Na los, nun mich, ihr Hunde!

Endlich eine Senke. Stille. Hier können wir nicht mehr gesehen werden. Ich verpuste, drehe mich um und drohe mit erhobener Faust: Wartet nur, wie wir euch in Trab bringen, wenn wir mit den Amerikanern kommen!

* *

Zu meinen sauber geordneten Antworten fügt sich auch das Geständnis, daß ich nicht selten ähnliche Gedanken hege wie der Junge.

Wie immer, wenn ich den Kopf voller schwerlastiger Gedanken trage, laufe ich unter »meinen« mecklenburgischen Himmel, rede mit mir oder schwatze in Gedanken mit meinem Sohn. Suche nach Argumenten, die ihn erreichen könnten. Und ständig komme ich zu dem Schluß: Meine Einsichten in Notwendigkeiten sind nicht seine Einsichten. Klassenkampf ist für ihn ein Schlagwort der Funktionäre. Sozialismus ist die Gesellschaftsordnung, in der es ständig Mängel gibt. Krieg? Wer will den denn noch?

Beinahe an der gleichen Stelle wie vor Wochen kommt das Auto ins Gleiten, dreht sich, landet sanft im Straßengraben. Ich komme davon mit einem Schreck und einer leichten Prellung am Arm.

Ein bißchen mehr Tempo, und ich wäre an die junge Eiche geschusselt.

Der Tod geht ständig neben uns her. Ich betrachte ihn als Bruder, der sich irgendwo in der Welt herumtreibt und eines schönen Tages erscheinen wird, um mich zu holen, unaufschiebbar, unabwendbar. Ich werde ihn weder überlisten, noch werde ich ihn um eine Frist bitten können. Er wird dasein und auf meine Schulter klopfen. Er wird mich weder erschrecken noch überraschen, wann und wo er auch immer vor mir stehen sollte.

Zum Ethos des Lebens eines Menschen und seiner Gesellschaft gehört das Ethos des Todes. Unsere Gesellschaft tut nach meiner Meinung noch zu wenig, das Ethos des Todes zu kultivieren.

Die alten Ägypter ließen, wenn es bei einem Fest am ausgelassensten zuging, ein Skelett in den Saal tragen. Eine Mahnung.

Für mich ist es eine Erhöhung meines Selbstwertgefühls, über den Tod nachzudenken.

Natürlich hoffe ich, noch mindestens vierzig Jahre Leben im Leibe zu haben.

»Hast du schon über den Tod nachgedacht?«
»Ja.«
»Warum?«
»Öfter. – Wenn ich mich frage, wozu ich überhaupt lebe. Racken – schlafen – racken – schlafen – das kann doch nicht alles sein. Bloß für das Fressen arbeiten, für paar Klamotten – was sehe ich denn von der Welt – wo ist was los?«

Im Fernsehen ein Dokumentarfilm über Sibirien; Männer hoch über der Erde bei Reparaturarbeiten an Überlandleitungen. Das Thermometer steht bei minus zwanzig Grad. Die Gesichter drücken aus, wie hart diese Tätigkeit ist, spiegeln das Bild des guten Arbeiters: selbstbewußt, überlegen, klug.
Helden?

Sind die zwei Mörder auf dem Illustriertenfoto in den Augen mancher Leute nicht auch Helden? Unerschrokken. Kaltblütig.

Nach Berlin mit dem Zug. Die Straßen sind zu glatt. Ich will mir beim Verlag Illustrationsentwürfe zu meiner Laubfroschgeschichte ansehen.
Wie angenehm, gefahren zu werden, nicht selber lenken zu müssen. Ich lese Zeitung, genieße einige der poesievollen Prosaskizzen des Japaners Yasushi Inoue, lasse mich einschläfern vom monotonen Lied der Räder.

Eine Weiche. Ich rutsche von einer Ecke in die andere. Ich warte, für jeden anderen Gedanken gelähmt, auf die nächste.
Wer hat sie wo gestellt?

Die Zeichnungen zu meiner Geschichte – ja! Der Illustrator hat seine Bildidee zu meiner Geschichte gefunden. Die Entwürfe sind von farbiger Fröhlichkeit. Eine Fülle an gezeichneten Details über den sprachlichen Raum hinaus bringen die Phantasie in Trab.

Für die Rückfahrt sind die Platzkarten ausverkauft. Ich stelle mich vor ein Abteil, in dem drei junge Männer sitzen, Bauarbeiter, wie ich dem Gespräch entnehmen kann. Sie halten drei Plätze besetzt; der eine der Burschen zeigt mir die Platzkarten dafür.

Der Zug fährt an. Die Plätze sind noch immer leer. Der Junge mit den Platzkarten gibt mir lächelnd zu verstehen: »Es gibt keine Reisenden dafür.« Er fordert mich auf, Platz zu nehmen, drückt mir eine Flasche Bier in die Hand und erklärt mir, daß er jede Woche für das ganze Abteil Platzkarten kauft; er kennt die Frau am Schalter.

»Wir wollen in Ruhe unser Bier trinken, wenn wir nach Hause fahren.«

»Und wenn Leute stehen?«

»Wer uns gefällt wie du, darf sich setzen.«

Und dann muß ich erzählen, wie ich es geschafft habe, keinen Alkohol mehr zu trinken. Dabei lassen sich die Männer vollaufen. Und dann schlafen sie wie Kinder.

Und dann denke ich: Soviel ausgekochte Frechheit hat mein Sohn nicht im Kopfe.

Im Stall der Genossenschaft werden Schweine verladen. Gequiek, Geschrei, Stockschläge, Fußtritte.

»Warum schindet ihr die Tiere so?«

»Die kommen doch sowieso zum Schlachthof.«

Wieder das Illustriertenbild. Müßte die Menschheit

nicht vor Empörung schreien beim Anblick dieser schrecklichen Verwundung von Würde?

Wie mögen diese Schlächter leben? – Lieben? – Mit ihren Frauen schlafen?

* *

Erinnerung an eine Geschichte

Ein SS-Offizier schenkt seinem Sohn zu Weihnachten ein Kleinkalibergewehr. Am Abend kommt der Junge freudestrahlend aus der Sandgrube – Schießplatz der Soldaten – und prahlt: »Vier Schuß, dann war sie hin, die Katze.«

»Vier Schuß?« kritisiert der Vater. »Morgen besorgst du eine neue Katze, dann werde ich dir zeigen, wie man sie mit einem Schuß erledigt.«

* *

Mein Gewissen wird von der Frage gepeinigt: Wozu wäre jeder von uns – du und du und du –, wozu wäre unter gegebenen Umständen und Bedingungen jeder von uns in der Lage? Sind all diese Schlächter als Schlächter zur Welt gekommen?

Der Weg des Menschen zur Menschlichkeit ist gesäumt mit ungeheuerlichen Grausamkeiten, die mit keinem Argument zu entschuldigen sind, bei deren Be- und Verurteilung aber stets die Ursachen mit in Erwägung gezogen werden müssen.

Wie ist es eigentlich mit unserer Moral bestellt, die wir mit Massenvernichtungsmitteln leben, ohne alle vierundzwanzig Stunden einmal auf die Straße zu gehen und unseren Protest lautstark und nachdrücklich an die Fenster derer zu trommeln, die meinen, damit noch ihre Macht vergrößern und einen Krieg gewinnen zu können? Leben viele von uns nicht mit der Gleichgültigkeit: Es wird schon nichts passieren …, man muß doch nicht immer gleich an eine Menschheitskatastrophe denken ..., die da oben werden das schon regeln ..., laßt mich in Ruhe, ich kann das schon nicht mehr hören ...

Auf dem morschen Weidenkopf der mickrige Holunderspróß.

Einer der kommenden Herbststürme wird den Baum umwerfen, den Holundertrieb mit.

Auch Bäume können sich nicht aussuchen, wo sie zur Welt kommen.

Die Sonne hat mich aus dem Hause gelockt zu einem Spaziergang über die Hügel. Nun stehe ich wie geblendet auf dem verharschten Schnee. Der eisige Wind zieht meine Haut zusammen. Ich schüttle mich vor Kälte. Da kugelt verspielt ein verliebtes Kolkrabenpaar über mich hinweg.

Vor mir her, den gewundenen Weg entlang, ein Schwarm Feldsperlinge, lärmend, ruhelos, ohne Ziel.

Wie eine Schar barfüßiger Jungen.

Einer davon – ich.

In einem Gedichtbuch der Rest eines vergilbten Briefes. Die Reime von Mutter:

Die Veilchen sind erwacht
nach langer Winternacht.
Die Birkenknospen springen.
Die Nachtigallen singen.
Nun bin ich ...

Hier kommt der Riß; die andere Hälfte des Briefes ist verschwunden.

Freude am Frühling, jambisch aufgebaut mit dem

sicheren Gefühl für Rhythmus, naiv gesungen in wenigen Zeilen.

Ob ich den Brief zerrissen habe, weil ich ein Lesezeichen brauchte?

Damals habe ich über Mutters Reimereien immer nur gelächelt.

Damals.

Und ein Foto: Mutter umrankt von einer Kinderschar: Enkel, Mädchen und Jungen aus dem Dorfe. Die Blicke der kleinen Leute sind auf den Mund der Frau gerichtet, die zufrieden wie eine Glucke zwischen ihren Küken sitzt.

Ob Mutter ein Märchen erzählt?

Oder die Geschichte, wie sie als Kind in der Weberei gearbeitet hat und ständig gelobt worden ist, weil sie so fleißig war, einmal aber keinen Wochenlohn bekommen hat, weil sie am Webstuhl eingeschlafen ist.

Irgend etwas wird sie erzählt haben.

Auch wenn Mutter nichts erzählte, hatte sie Kinder um sich. Sie muß wohl – wie ein altes chinesisches Sprichwort ausdrückt – einen grünen Zweig im Herzen getragen haben, auf dem sich die kleinen Vögel gern niederließen.

Ich sitze am Schreibtisch; eine gute Phase; korrigiere Gedichte aus der neuen Sammlung. Viele dieser Versuche haben schon die vierte, fünfte Fassung. Für mich ist ein Gedicht selten abgeschlossen. Überarbeiten dauert länger als entwerfen.

Da setzt mit einem Male bei Timm im Zimmer der Plattenspieler ein. In meiner Versunkenheit habe ich den Jungen gar nicht kommen hören. Die Musik ist so laut, daß ich keinerlei Gedanken mehr spinnen kann. Ich stürze die Treppe hinauf. Beherrscht frage ich: »Kannst mich nicht mal in Ruhe arbeiten lassen?«

Timm hat freudigen Glanz in den Augen.

»Setz dich – eine Platte von den Skorpions – mußt du hören.«

Fahrt nach Schwerin. Wir wollen prassen, in einem Hotel essen. Die Straße ist vereist. In einem Waldstück, auf dem Mittelstreifen der Fahrbahn, ein Fasan; hilflos schlägt er mit den Flügeln. Ich rolle langsam an den Rand, um anzuhalten.

Da kommt mir ein Trabant entgegen. Der Fahrer öffnet, ohne anzuhalten, die Tür, grabscht mit artistischer Geschicklichkeit den angeschlagenen Vogel. Im Gesicht des Mannes das Lächeln eines Siegers. Der Grund dürfte wohl meine dumm-staunende Visage sein.

Timm: »Nichts mit Fasan! – Essen wir im Hotel einen.«

Vor dem Bahnübergang die langgestreckte Kurve.

»Hier muß ich immer an dich denken.«

»Wieso?«

»Lange her, da sind wir hier gefahren; ich mußte von früher erzählen, singen. Ich sang das Lied von den Königskindern. Nach der letzten Strophe hast du eine Weile geschwiegen, und dann hast du tieftraurig gefragt: »Und wie tief ist der Königssohn ertrunken?«

Eine hohe Holztafel mit der Aufschrift: NATO NO!

Eine richtige Losung an der völlig verkehrten Stelle: Hauptverkehrsstraße kurz vor dem Bahnübergang.

Auf einem Spielplatz Kinder. Wehende Atemfahne vor den Lippen, wackelnde Pudelmützenbommel auf dem Kopfe, Schneesplitter an den Hosenbeinen – so glisseln sie pausenlos über die Schlitterbahn.

Daneben, als wäre er neidisch, schielt der Rutschelefant aus seinem Schneemantel.

Karnevalszeit. Auch mein Sohn ist vorbereitet auf das närrische Treiben; er hat eine lange Unterhose mit Stofffetzen besetzt. Jetzt flickt er an einer alten Jacke herum.

»Als was willst du dich verkleiden?«

»Weiß ich noch nich; auf jeden Fall mal anders sein, als man ist.«

Wehe – angewehte Schneehäufung.

Wehe – schmerzvolles Zusammenziehen der Gebärmutter.

Wehe mir!

Wehe, wenn du mir etwas tust!

Mit diesen Wehen dürften die Ausländer ihre Schwierigkeiten haben.

In meinem Ofen der Wind, flötend. Ich schalte das Radio aus.

Manchmal frage ich mich, wie ich als Soldat an der Front im letzten Kriegswinter unter freiem Himmel, nur von Decke und Mantel gewärmt, auf hartgefrorenem Boden liegend, immer auf den Angriff des Gegners wartend, selten mit einer warmen Suppe im Leibe die Tage und Nächte überstanden habe.

Angst macht wohl schier Unmögliches möglich.

Und die Filzläuse bissen am Unterleib.

Und der Durst war groß.

Und der kleine sächsische Leutnant bellte seine Befehle.

Und die englischen Jagdbomber spuckten Löcher in die Schneedecke.

Und die Furcht des Achtzehnjährigen war in den ersten Tagen in der Hauptkampflinie so beherrschend, daß er während eines Artilleriebombardements die Hände faltete.

Und auf die gefalteten Hände tropften Tränen.

* *

ERINNERUNG

Februar fünfundvierzig. Unsere Nebelwerferbatterie hat Stellung bezogen am Rande eines deutschen Dorfes, Brückenkopf jenseits des Rheins. Mit der Morgendämmerung erscheint der Spieß in unserer Deckung, ein Mann mit Schweinsgesicht und Fettbauch. Zeichen seiner Macht und Würde: Zwischen zweitem und drittem Knopf der Uniformjacke das Notizbuch mit dem eingelegten Bleistift. Der gefürchtete Hauptfeldwebel tippt auf meine Schulter. »In zehn Minuten bei mir im Bunker melden!«

Pünktlich stehe ich im Unterstand. Mit mir der ewig bleiche, spindeldürre Gefreite Nordalm und der unerschütterliche, untersetzte Bachulke. Der Spieß befiehlt, Schweine und Hühner aus dem gegenüberliegenden brennenden Dorf zu holen. »Der Herr Leutnant hat morgen Geburtstag.«

Wir ketten zwei Pferde an einen leichten Wagen. Das Gespann hatten wir vor einigen Tagen aus einem zerschossenen Gehöft mitgehen lassen. Im gestreckten Galopp jage ich die Tiere über die Landstraße. Schnell nähern wir uns einer Kreuzung. Die liegt unter Artilleriebeschuß. Die Schneedecke ist zerfetzt. Die Erde trägt tiefe Trichterwunden. Vor der Gefahrenstelle lasse ich die Leinen locker, treibe die Pferde mit der Peitsche an und lege mich flach auf den Wagenboden. Im selben Augenblick heulen die ersten Granaten heran.

Endlich das Dorf. Es liegt unter einer dicken Rauchwolke. Ich zügle die erregten Tiere, lenke sie in den Schatten einer Scheunenwand. Bachulke richtet sich langsam auf. Sprachlos zeigt er auf Nordalm und flüstert: »Er war sofort tot. ›Mutter!‹ hat er gerufen, nur einmal: ›Mutter!‹«

Wir entdecken ein winziges Loch im Stahlhelm, genau über der Schläfe.

Gegen Mittag wieder in unserer Batteriestellung, melde ich dem Spieß: »Befehl ausgeführt! Zwei Schweine! Drei Hühner! Nordalm gefallen.«

* *

Erinnerung

Zwei Tage später. Dieselbe Batteriestellung. Das brennende Dorf ist von den Amerikanern eingenommen worden. In der Abenddämmerung taucht in unserer Stellung eine alte Frau auf. Wie ein Schatten huscht sie mit nackten Füßen durch den Schnee. Das graue Haar wirr zerzaust. Der Saum ihres schwarzen Kleides zerfetzt. Leicht gebeugt, die Arme in die Luft gestreckt und irr schreiend, torkelt sie zwischen den Geschützen.

Entsetzt starren wir hinter ihr her. Flüstert der kleine Pommer neben mir: »Sollte man die Alte nicht abknallen?«

Antwortet der neben ihm: »Verrückt? – Du verrätst unsere Stellung.«

* *

Die Indiofrau. Ich sehe sie vor mir: glattes, ovales Gesicht, dunkle, glänzende Augen, über sonnenbraune Schultern und Brüste wogend das Haar. Ich höre sie ein altes Liebeslied ihrer Vorfahren singen …

Als der Pommer das Gewehr durchlud, um es auf die irr gewordene Frau anzulegen, haben wir ihm weder in das Gesicht geschlagen, noch hat uns sein grauenvolles Vorhaben sonderlich erregt. Gehört – vergessen. Später erst, bis zum heutigen Tage, immer wieder die quälende, marternde Selbstanklage: Wie konntest du diese Ungeheuerlichkeit hinnehmen?

An der Hauswand, in einer Mauerfuge festgekrallt, der winzige Holundersproß.

Wer wird wen zuerst erweichen? Der Stein die Wurzel? Oder die Wurzel den Stein?

Der alte Chinese Lu Dschju-Yüen schreibt: »Wenn ein Mensch sein Herz an äußere Dinge gehängt hat, so gleicht er, zwingt man ihn, sie aufzugeben, einem Affen, der keinen Baum mehr hat.«

Mein Sohn kommt mir im Augenblick so vor; der Fernseher ist zur Reparatur.

Vergnügen am Kochen – Vergnügen am Essen.

Irgendwer hat mir einmal gesagt: Wer nicht mit Genuß essen kann, ist kein kulturvoller Mensch.

Gekocht: Weißkohleintopf mit Schweinebauch, Rippe, Kartoffeln, Suppengrün, Salz, Pfeffer, Kümmel, Muskat, Majoran, Lorbeerblatt, Piment, Zwiebel, Speckeinbrenne.

Der dreizehnte Februar. Zeitungsbild: das zerbombte Dresden.

Angesichts dieses Fotos möchte man an der Vernunft der Menschheit zweifeln, wenn schon wieder solche Sätze zu hören sind:

»Die Bedrohung war noch nie so groß wie jetzt.«

»Solange Kernwaffen existieren, existiert auch die Möglichkeit eines Kernwaffenkrieges und damit einer globalen Katastrophe.«

»Heute hat keiner von uns eine gesicherte Zukunft; Wahnsinnige gibt es durchaus.«

Am Abend im Fernsehen wieder Bilder über die zertrümmerte Elbmetropole.

Timm: »Wahnsinn! – Und das drei Monate vor Kriegsende.«

»Und da gab es nicht wenige, die noch an einen deutschen Endsieg geglaubt haben.«

»Du?«

»Ich auch.«

»Hätte mir nicht passieren können.«

»So?«

»Na, ich hätte den Quatsch gar nicht erst mitgemacht.«

»Was hättest du denn getan?«

»Ausgewandert. Sind doch viele abgehauen.«

Abhauen. Der einfachste Weg. Wohin? Meine Weltkenntnis war zwanzig Kilometer rund. Mein Sohn hat mit zwölf schon Moskau, mit vierzehn Venedig gesehen.

Warum davonlaufen? Ich zweifelte nicht daran, daß der Führer allmächtig war. Wenn ich den Weg gewußt hätte, wäre ich zu Fuß nach Berlin gelaufen, um ihn zu sehen.

Um zäh wie Leder zu werden, wusch ich mich eiskalt.

Um hart wie Kruppstahl zu werden, ertrug ich es, stundenlang an einen Baum gebunden zu schweigen, wenn ich beim Geländespiel gefangen worden war.

Um schnell wie ein Windhund zu werden, übte ich das Laufen, bis ich Seitenstiche hatte.

Ein Lob meines Fähnleinführers war mir mehr wert als sämtliche Zensuren meines Lehrers Schmidt.

Vom Eikenkamp her das Bellen der Äxte, Treckergebrumm, das Aufstöhnen der Motorsägen. Hundertjährige Buchen krachen auf den Waldboden. Mir ist, als hörte ich sie schreien, diese Laubriesen mit den elefantenbeinigen Stämmen.

»Exportholz«, sagt der Förster.

Wo die Buchen gefällt worden sind, sieht es aus wie nach einer Artilleriekanonade. Was die kolossalen Baumdächer nicht niedergeschlagen haben, wird breitgewalzt von Treckerreifen; die schweren Maschinen schleifen die Stämme zum Ladeplatz, die Kronen zum Weg. Dort warten Männer mit Motorsägen, die das Astholz aufbereiten.

»So geht das schneller«, sagt der Förster; »wenn wir die Kronen am Fällplatz zerschneiden, muß später das Meterholz an die Straße gerückt werden. Wer soll das machen?«

Das umgewalzte, abgerissene Jungholz; aufstrebende Buchen, Birken, Ahorne – der künftige Bestand.

»Wir müssen den Plan bringen«, sagt der Förster. »Die Aufforstung ist eine andere Sache.«

Muß Planzwang diese Methode diktieren? – Muß der ökonomische Druck vor dem ökologischen stehen? – Aufforstung kostet Geld – was allein gewachsen ist, nicht.

Nicht: Naturschutz gegen die Technik, sondern in Absprache mit der Technik.

Ich schleppe einen Korb voll Holz in das Haus. Timm sieht mich kommen, eilt auf mich zu, nimmt mir die Last ab.

»Warum rufst du nicht? Das ist doch schwer; kannst fallen.«

»Ach, ich falle doch nicht.«

»In deinem Alter fällt man schnell.«

Schneesturm. Die Pappel jault. Die schweren Flocken

stieben. Ich hocke mit Timm am Ofen; wir trinken Tee.

»Denn Tee wird – obschon ihn jene bespötteln, die von Natur aus keinen feinen Geschmack haben oder ihn beim Weintrinken verloren haben, so daß sie für die Wirkung eines so erlesenen Stimulantiums unempfänglich sind – für alle Zeiten das bevorzugte Getränk der Gescheiten bleiben ...«, so schreibt Thomas Quincey in »Die Freuden des Winters«.

Zum Tee gibt es Gebäck. Für meinen Sohn habe ich, wie in früheren Zeiten vor dem Schlafengehen, einen Gemütlichteller vorbereitet: Einige Riegel Schokolade, Apfelsinenscheiben.

Timm lümmelt sich in den Sessel. »Wahnsinn, wie gut wir es haben.«

Der entlaubte Baum erst zeigt, was er wert ist.

Selbst das Gekreisch der Kreissäge hat die beiden nicht aus dem Bett treiben können; Timm und M. haben den halben Sonnabend verschlafen.

»Ihr hättet ja mal beim Essenkochen helfen können.«

M. gähnt.

Timm: »Du hättest ja mal rufen können.«

Sonntagmittag. Ich klopfe, rufe.

Timm öffnet die Tür. Mit verschlafener Stimme schnarrt er: »Nicht mal sonntags kann man ausschlafen.«

M. gähnt.

Die Furchenkämme des Winterackers ruhen nebeneinander wie Weihnachtsstollen, die der Bäcker leicht mit Staubzucker bestreut hat.

In einer Bodenmulde ein Kolkrabe. Sein Federkleid

glänzt wie dunkelblaue Seide in der Februarsonne. Der Vogel reckt den Hals und schreit. Vom EIKENKAMP her ein zweiter Rabe. Er trägt eine tote Maus zwischen den Krallen. Kreisend läßt er sich vor dem Gefährten nieder. Der packt die Beute, zerreißt und verschlingt sie.

Ich gehe auf den Fressenden zu. Der Futterbringer schwingt sich in die Luft, der Gefütterte flüchtet vor mir her mit schleifender Schwinge.

Nun denke ich über das Wort Rabenmutter nach.

Flaumigweiß am Frühhimmel die Wolke. Teerigschwarz darunter der Rauch aus meinem Schornstein.

Bei der Hecke am RUNDSOLL eine tote Ricke. Beide Vorderläufe wund. Tribut des langen Winters: in der letzten Woche hat es tagsüber getaut, nachts gefroren; der Schnee ist verharscht.

Das verendete Reh – Schreckensbild unnatürlichen Todes.

Die Postfrau hat die Zeitung gebracht. Ich setze mich in den Sessel, lese. In der Küche kochen Bohnen. Die Zeitung schreibt von Luftmanövern mit Bombern, überschwer.

Ich rieche Brandgeruch; er kommt von der Küche her.

März

Über dem See ein scharfer Wind. Ich lausche seinem Lied. Es ist traurig. Ein Abschiedslied.

Unterm Schilf in den Eislöchern glickert der Frühling.

Und auf den brüchigen Eisresten des Sandsolls vor dem Hausgiebel glitzern Tauwasserpfützen, eine kleine Blutlache. Darin schwimmen Entenfedern; der Fuchs hat Mahlzeit gehalten.

Vor einer Woche brachten uns Förster V. und seine Frau ein Entenpaar mit. Mein Sohn war Feuer und Flamme. »Züchten wir; der Teich ist groß genug.«

Damit sich die Federtiere gewöhnen, sperrte ich sie zu den Schafen. Gestern dachte ich: Kannst sie mal rauslassen. Die Vögel, offensichtlich froh darüber, endlich frische Luft zu schnappen, flügelten auf den Tümpel, schlürften, schnatterten, putzten das Federkleid.

Am Abend vergebliches Locken, Rufen. Die Biesterchen guckten mich mit schräggestellten Köpfen an, als wollten sie sagen: Neenee, zu diesen Schafen mit dem stinkenden Winterfell wollen wir nicht wieder.

Die Freiheitsgelüste der Entendame sind zwischen den Kiefern des Luntenträgers verendet. Der Erpel hockt verschreckt in der Ecke des Heuschuppens.

Und der Frühling steht vor der Tür.

Und ich denke: Ein Erpel allein – wie traurig. Er wird sich grämen. Außerdem dürfte er in einer der kommenden Nächte auch im Bauch des Fuchses landen.

Aber wer tötet das Federtier?

F. aus dem Dorfe erledigt das mit einem Axthieb und einem hämischen Lacher für mich.

»Memme, nicht mal eine Ente kann er schlachten.«

Mir will dieser Braten nicht schmecken. Ich esse mehr Rotkraut und Kartoffeln.

Mein Sohn würde am liebsten die Knochen mit verdrücken.

Nun leben wir länger als ein halbes Jahr gemeinsam in diesem Hause. Unser Umgangston ist meist freundlich. Ich rege mich nicht mehr über jede Kleinigkeit auf. Ich könnte mir das Leben in diesen Wänden ohne Timm nicht mehr vorstellen. Aber natürlich weiß ich, daß er eines Tages gehen wird.

Zuweilen aber gibt es noch Situationen, wo wir uns wie Fremde gegenüberstehen. Oder bin ich zu empfindlich, wenn ich mich ärgere, weil er mir einen verschlossenen Brief an seine Mutter mitgibt?

»Warum sagst du mir nicht, was du ihr zu bestellen hast?«

»Du mußt doch nicht alles wissen.«

Ob es das Wort danke im Sprachschatz dieses Jungen gibt?

Beinahe jeden Freitagabend steht M. in der Haustür. Dieses treue Mädchen scheut weder Fahrgeld noch Umstände, hierherzukommen.

»Stadt ist nicht so gut; hier kann man weiter sehen.«

»Und du willst das Studium aufgeben?«

»Mal sehen.«

»Andere wären froh, wenn sie einen Studienplatz hätten.«

»Das stimmt, aber ich kann doch auch was anderes anfangen.«

»Was sagen deine Eltern dazu?«

»Nichts. Die sind geschieden. Die haben mit sich zu tun.«

Ich blicke in die schönen blanken Augen des Mädchens und schweige. Ich spüre seinen Unwillen, mit mir über dieses Thema zu sprechen. Ich frage mich:

Warum wollen junge Leute so früh zueinander? Ich war siebenundzwanzig, als ich mich mit der ersten Frau zusammentat. Und wie sich bald herausstellte – noch viel zu früh. Ich war nicht willens und wohl auch nicht fähig, eine Ehe zu führen.

Was drängt junge Leute zusammen? Einsamkeit? – Die frühe Reife?

Vielleicht sehe ich das zu dramatisch. Es gibt das Sprichwort: »Früh gefreit hat nie gereut.« Sprichwörter sind meist das Ergebnis langer Erfahrungen.

Das Pärchen ist vom Spaziergang zurückgekommen. Die beiden sind über den See gelaufen. Ich bin sprachlos. Wie kann ein Mensch bei diesem brüchigen Eis noch über ein Gewässer gehen?

Antwort von M.: »Mit ihm gehe ich; er hat so ein Gefühl, ob so was geht oder nicht.«

Liebe fürchtet keine Gefahr; Gefahr erhöht den Genuß.

Der Maulwurf. Überall seine Spuren: Erdhügel, Gänge.

Er selber bleibt unsichtbar.

Der Märzmorgen hat Reifperlen in die Birke geschüttet, auf die Leitungsdrähte gefädelt, in die graukranke Schneewehe gestickt.

Blendendes Gewand des sterbenden Winters.

Aus der aufgehenden Sonne kichert der Specht.

Ich schultere die Axt, um Steiler für die Holzmiete zu schlagen. Ich denke, die wirst du gleich am Waldrand finden.

Irrtum!

Ich suche lange.

Wie wenig gerades Holz am Waldrand.

Das Düngerflugzeug; die Frühjahrsarbeit auf den Äkkern beginnt. Zu meiner Zeit hieß es: warten, bis der Pferdehuf nicht mehr im Modder steckenbleibt.

»Leg dich ins Bett mit deiner Erkältung.«

»Geht nicht.«

»Wieso? Du bist krank.«

»Otto ist allein in der Werkstatt. Er hat schwere Tore zu nageln. Da braucht er mich doch.«

Aus dem Haus! Ich bringe mich in Schweiß, reiße die verholzten Asternstengel und Margeritenschäfte aus den Stauden und zünde mir ein lustiges Feuerchen an.

Der erste Schmetterling! rufe ich und zeige auf die Wiese, die in der warmen Mittagssonne liegt.

Ein trocknes Eichenblatt treibt mit dem Wind.

Und dann der gewohnte Blick in den Schafstall. Ob die Paula schon Nachwuchs hat? Seit einer Woche frißt sie wählerischer, ist zutraulicher, stubst mich an, wenn ich komme, läßt sich kraulen, trägt ein dralles Euter.

Nichts.

Die Überraschung erwartet mich in der anderen Ecke des Stalles: der angekettete Bock Paul hat wieder einige Bretter zertrümmert. Der Bursche rächt sich wohl, weil ich ihn von seiner Herzensdame getrennt habe. Er glotzt mich an, als wollte er sagen: Kette bleibt Kette, und wenn sie noch so lang ist.

Oder will er mich von seiner Güte überzeugen? Ich erinnere mich, daß unser Dorfschäfer einmal sagte: Nur ein guter Bock ist ein wilder Bock.

Timm zeigt mir betreten einen Brief von einem Mädchen. Es schreibt: »... ich glaube, es ist passiert. Komm schnell vorbei. Ich weiß nicht mehr, was ich machen soll.«

Mein Sohn steht vor mir wie ein großes Fragezeichen.

»Auf jeden Fall solltest du zuerst einmal mit ihr sprechen.«

Das Fragezeichen wird noch größer.

»Sie kann sich doch irren.«

Das Fragezeichen wird zu einem Gedankenstrich.

Mich überrascht das Vertrauen; er bittet mich, den Brief zu verstecken.

Ich fühle mich wie ein Gefangener, dessen eigener Aufseher ich bin.

Laue Föhnböen schütteln den Schlehenhecken die winterschwarzen Westen aus. Auf dem Hohlweg perlt Tropfen zu Tropfen. Tauwasser aus den Resten der Schneewehen.

Tropfen zu Tropfen – Gerinnsel zu Gerinnsel – wen treibt es an solchen Vorfrühlingstagen nicht zum anderen?

Ich sehe die Hand noch – eine weibliche? – eine männliche? –, ich habe diese gepflegte Hand noch vor Augen, die die toten Seevögel vor die Kamera hält. Und ich höre den Sprecher noch sagen, daß leichtfertige Kapitäne nach wie vor ihre Tanker auf offener See reinigen.

In solch einer Fernseh-Szene steckt natürlich eine Idee zu einem Naturgedicht. Es wird kein romantisch-schwärmerisches sein.

Naturdichtung heute kann und muß gegebenenfalls auch Problemdichtung werden. Wälder sterben. Flüsse fließen verunreinigt, wenn nicht sogar vergiftet zum Meer. Tierarten sterben aus oder werden ausgerottet.

Ganze Pflanzenfamilien sind schon auf Nimmerwiedersehen von der Erde verschwunden. – Verse können aufmerksam machen, Nachdenken anregen.

In der Natur ist alles wichtig, unentbehrlich. Jedes ist einmalig.

Vor allem Kinder sollen sehen und schätzenlernen, was sie umgibt.

Ohne intakte Natur kein intakter Mensch.

Die Tage gehen dahin. Timm fährt jetzt pünktlich in die Werkstatt. Ich sitze an meinen Gedichten. Trotz Frühjahrsmüdigkeit – ich komme gut voran bei den Überarbeitungen. Es geschieht nichts Außergewöhnliches; unsere Gespräche betreffen Alltägliches.

Heute Matschwetter. Der Weg zum Dorf gleicht einer ausgedehnten Wildschweinsuhle. Timm kommt mir entgegen; er schiebt das Fahrrad durch den Schlamm; das Moped ist in der Werkstatt. Es ist das alte Tretmobil von Großvater; Baujahr vierundzwanzig. Drei Jahrzehnte hat es seinen Besitzer täglich zur Fabrik und zurück getragen, zwanzig Kilometer, durch alle Wetter.

Timm klopft auf den Sattel der alten Karre.

»Das Ding ist Sahne; warum halten unsere Fahrräder nicht auch so lange?«

Später: »Verdammter Modder heute.«

»Gestern hast du inbrünstig nach Frühling geschrien.«

»Na und? – Wo ist er?«

»Wenn die Erde blühen soll, mußt du dich schon mit dem Schlamm des Tauwetters abfinden.«

Später: »Meinst wirklich, daß ich zu der Ische fahren soll? – Kann die denn überhaupt schon wissen, ob sie ein Kind kriegt oder nicht?«

»Wann ist denn das passiert?«

»Vor sechs Wochen, nach dem Dorfbums im Strohkaten.«

Später: »Ich hab schon gedacht, du meckerst wieder rum, als ich dir den Brief gezeigt habe.«

»Und ich hab gedacht: Seine Sache; das muß er selber regeln.«

Später: »Und was mache ich, wenn sie ein Kind kriegt?«

»Was macht sie? – Und was macht M.? Sie will deinetwegen ihr Studium aufgeben.«

»Red nicht darüber, einverstanden?«

»Einverstanden.«

Das war gestern abend schnell gesagt: Einverstanden. Nun bin ich Geheimnisträger. Soll er selbst mit seiner Mutter sprechen, wenn er es für richtig hält. Die Betrogene ist auf jeden Fall M. Wie wird sie diese Tatsache verkraften?

Unsinn alle meine Überlegungen. Noch ist alles ungewiß.

Über der Schafweide ein Zitronenfalter; ein taumelndes Blättchen Sonne.

Und in meinem Leib mixen die Sonnenfinger die Säfte der Lust zusammen. Mir ist, als hörte ich das Gras wachsen. Ich möchte mich erheben, davonfliegen.

Vielleicht zu G. nach Leipzig, wo sie während der Messe beim Sender arbeitet?

Leipzig – mein Sumpf und mein Gebirge. Zwölf Jahre meines Lebens. Zwölf gute Jahre, zwölf miserable

Jahre. Aber die Erinnerung hat mehr die guten gespeichert.

Wie heißt es in der Arie: »Aber in Spanien tausendunddrei ...« Ich könnte singen: Aber in Leipzig tausendundvier ...

In welcher Straße habe ich nicht gelodddert?

Aber Leipzig hat mich auch arbeitsam gesehen: Dozent am Lehrerbildungsinstitut, Junger Autor in der Arbeitsgemeinschaft, Student am Literaturinstitut, Gedichteschreiber.

Hauptanziehungspunkt für mich: Buchmessehaus. Der Kinderbuchverlag hat mein Frosch-Buch angezeigt. Obwohl ich nun schon fast dreißig Titel auf dem Markt habe, ist es immer wieder ein erhebendes Erlebnis für mich, meinen Namen im Börsenblatt zu lesen.

Am rollenden Büfett K. Er war einmal ein guter Lehrmeister für mich. Ob er noch schreibt? Habe lange nichts gelesen von ihm. Sein Gesicht ist vom vielen Biertrinken noch schwammiger als bei unserer letzten Begegnung.

Ich schlage de Bruyn auf und lese mich an einer Stelle fest: »Er ist sehr froh, eine Zuhörerin zu haben, die er zur Dauerhörerin haben möchte. Der er zu jeder Tages- und Nachtzeit vorlesen kann. Die die Schreibmaschine beiseite schiebt, das Wischtuch weglegt, die Suppe ankochen läßt, wenn es die Arbeit, seine Arbeit, verlangt. Deren Gesicht Ergriffenheit sichtbar macht, Freude, Schmerz ahnen läßt.«

Die Dichter-Gattin, Suppe kochend, Wischtuch schwingend – ein hübsches, kitschiges Bild. Ob dieses Weibchen auch dann Ergriffenheit spielt, wenn der Schreiber-Gatte gähnende Langeweile auf das Papier gepusselt hat?

Solch eine Frau wäre für mich unerträglich.

Der Stellvertreter des Ministers für Kultur, begleitet von Mitarbeitern. Als dieser Mann noch FDJ-Funktionär in dieser Stadt war, hat er mich einmal scharf kritisiert wegen eines Gedichtes. Der Titel: »Ich kann nicht immer jubeln«.

Zu jener Zeit schrieb ich regelmäßig Agitpropgedichte; es verging kaum ein politisches Ereignis ohne meine gereimte Stellungnahme. Kein Wunder, daß mich manche Leser verhohnepiepelten: »Kolchosen-Goethe«, »Parteidichter«, »Roter Willi«.

Diese Benennungen haben mich erheitert, mehr nicht. Nachdenklich geworden bin ich erst, als mich ein anerkannter, vielfach ausgezeichneter, von mir sehr geschätzter Kollege während einer Konferenz aufforderte, lieber einmal »... ein Gedicht gegen den Staat zu schreiben, statt ihn ständig zu loben«. Seine Vorwürfe wurmten mich.

»Du belügst dich und uns.«

»Was du da ständig vorweist, ist primitive Reimerei.«

»Du solltest mal über den Satz von Lenin nachdenken: Die Kommunisten brauchen unter allen Umständen die Wahrheit.«

Nun wollte ich beweisen, daß ich auch anders kann. Ergebnis: die geharnischte Stellungnahme des Jugendfunktionärs.

Inzwischen sind wir gute Bekannte geworden, der Minister und ich. Er ist ein streitbarer Geist, kein rechthaberischer. Er trägt sein Amt mit Würde, nie habe ich ihn arrogant erlebt.

Auch jetzt verläßt er seinen Pulk, um mir die Hand zu drücken.

Woher diese Kleinhändler immer wieder die Einfälle nehmen? Einer, der ein neues, »mit Sicherheit funktionierendes« Kartoffelschälmesser anbietet. Ein anderer, der sich einen originellen Einweckglasöffner ausgedacht hat.

Das Geschäft floriert.

Leipzig ohne einen Gang über den Hauptbahnhof – geht nicht. An der Ecke der breiten Querpassage der Zeitungskiosk. Hier hat der Schuhputzer gesessen, der mir die Schuhe geputzt hat und mit dem ich nach dem Schuheputzen immer einen Schluck aus der Wodkaflasche genommen habe.

Schaufensterbummel mit G. Im dicksten Gewühl drücke ich ihr einen Kuß auf den Mund.

»Was ist denn in dich gefahren?«

»Weiß nicht. Das muß an Leipzig liegen.«

An den Masten vor dem Bahnhof die Fahnen der Länder; alle friedlich nebeneinander.

G. und ich finden Platz in einer der vielen kleinen Bars. Sie ist geschmackvoll eingerichtet; sehr viel Holz; an den Wänden kostbare Teller und Krüge.

G. dreht sich auf einen Barhocker, zündet sich eine Zigarette an, nippt an ihrem Gin-Tonic. Nach sieben Stunden Arbeit im Rundfunk endlich Zeit, langsam auszupendeln.

Und bald schwelgen wir in Erinnerungen: Wie wir im INTERNATIONAL einmal nachts gegen zwölf nach einem Gewandhauskonzert gewettet haben, ob uns der Kellner noch eine Haferflockensuppe zubereiten läßt oder nicht. Wie ich die Journalistik-Studentin bei einer Buchlesung mit frechen Blicken befeuert, nach der Lesung zum Trinken eingeladen und das Geld für die Zeche von ihr geborgt habe.

* *

Erinnerung

Markkleeberg. Das Haus, in dem G. gewohnt hat, das Haus, in dem ich als Untermieter zwei Zimmer hatte. Als Timm geboren wurde, lebte jeder für sich. Der Kindergarten, in den der Junge ging, lag unter dem Fenster des Gartenhauses, in dem ich wohnte. Wie oft habe ich bei offenem Fenster die Kindergärtnerin rufen hören: »Timm Lindemann, wirst du wohl ...«

Peinlich berührt war ich, wenn ich ein Mädchen bei mir hatte, das fragte: Hat der was mit dir zu tun? Nicht weniger verlegen war ich, wenn mein Sohn mich auf meinem Balkon entdeckte und über den Zaun hinweg fragte: »Papa, holst mich heute ab?«

Manchmal durfte ich ihn mit Genehmigung seiner Mutter abholen. Unvergeßliche Formulierungen von ihm. Beim Anblick des Halbmondes: »Sieh, der Mond ist zerbrochen.« Nach einem Regenguß: »Gucke, die Wiese weint.«

* *

Erinnerung

Der 17. Juni 1953. Institut für Berufsschullehrerausbildung in Leipzig, wo ich als Dozent für Biologie unterrichte. Am Rande der Stadt findet das Sportfest des Instituts statt. Rote Fahnen flattern. Marschmusik hallt über den Platz. Die Sportveranstaltungen verlaufen ohne jede Störung.

Am frühen Nachmittag aber muß irgendwer die Nachricht auf den Platz getragen haben, daß in der Stadt gestreikt wird. Nun kann der Direktor nicht länger schweigen: Er hatte von der Stadtleitung der Partei die Anweisung erhalten, das Sportfest durchzuführen; bis zum Mittag werde sich der Spuk gelegt haben.

Der Direktor läßt die Dozenten zusammenrufen. Er

empfiehlt: Alle Dozenten und Studenten fahren möglichst einzeln und unauffällig nach Hause; vorher Blauhemden ausziehen.

Ich unterrichte die Studenten meiner Seminargruppe. Die meisten jungen Leute gucken ungläubig, manche hilflos, als wollten sie fragen: Wieso? – Warum? – Was nun? Einzelne wollen Genaueres wissen. Ich kann nur mit einem Schulterzucken antworten.

An der Straßenbahnendstelle packt mich Entsetzen, aber auch Furcht. Die Wagen sind beschmiert mit Losungen. Nieder mit Ulbricht! – Wir wollen unsere Freiheit! – Nieder mit der SED!

In der Straßenbahn lastende Stille. Nur hier und da Geflüster, als führen die Leute zum Begräbnis. Auf den Bürgersteigen und an den Haltestellen debattierende Menschen, johlende Jugendliche.

Im Institut mein Freund Martin, der Hausmeister, ein alter Genosse. Mit ihm seine Frau und ein Dutzend Studenten. Die Eingangstür ist verbarrikadiert. Martin hat für jeden von uns einen Knüppel zurechtgesägt.

»Nun sollen sie kommen!«

Ich vertraue diesem Alten; er ist seit fünfundzwanzig Kommunist. Seine Gelassenheit überträgt sich auf mich. Für ihn ist klar: Da hat der Klassenfeind gerührt; dieser Krawall wird nicht lange dauern; die Freunde sind ja auch noch da; da sind Rabauken und Nichtsnutze am Werke, und wenn die gefaßt sind, wird wieder Ruhe einkehren.

»Nun sollen sie kommen« – sie sind auch bald da. Eine Korona junger Burschen brüllt: »Die Losung runter!« Sie meinen das Transparent an der Straßenfront des Instituts, darauf zu lesen ist: DER MARXISMUS IST ALLMÄCHTIG, WEIL ER WAHR IST.

Wir stehen an offenen Fenstern. Martin brüllt: »Verschwindet! – Die Losung bleibt dran!«

Antwort: Steinwürfe.

Dann rücken die Demonstranten auf den Mitteleingang zu, rütteln, rammeln und kriegen mit der geballten Kraft von Schultern und Steinen die schwere Tür zum Splittern.

Wir, Martin an der Spitze, treten den Burschen entgegen. Einer von ihnen will in das Haus. Martin läßt furchtlos den Stock kreisen. Der Junge flüchtet. Die anderen mit.

Wir vernageln die eingedrückte Tür mit Brettern und richten uns auf Bänken und Dielen für die Nacht ein.

Zwei Tage bewachen wir das Institut. Am dritten Tag erscheint der erste Kollege an der Tür, gleich nach ihm der Parteisekretär.

* *

Erinnerung

Kurz nach dem 17. Juni erscheint ein junger Bauarbeiter bei der zuständigen Stadtleitung der Partei. Er bittet um Aufnahme in die Partei. Der Genosse der Stadtleitung verweist den jungen Mann an den Parteisekretär des Betriebes.

»Zu dem möchte ich nicht gehen.«

»Warum?«

»Weil ich am siebzehnten auf die Straße gegangen bin; der weiß das.«

Der Genosse fragt den Bauarbeiter, warum er auf die Straße gegangen ist. Der junge Mann senkt verlegen den Kopf, zuckt mit den Schultern.

»Bei uns sind doch alle gegangen, auch der Brigadier.«

»Und warum willst du in die Partei?«

Der Bauarbeiter legt ein zertretenes Parteiabzeichen auf den Tisch.

»Deswegen.«

»Woher hast du es?«

»Ich habe gesehen, wie es einer in der Gosse zertrampeln wollte.«

* *

Bevor ich mich mit G. auf den Heimweg mache, gehen wir noch zur Motette in die Thomaskirche. Wie oft haben wir in dieser heiligen Halle der Orgel gelauscht.

Da finden sich ungewollt unsere Hände.

Das Kalenderblatt ruft: Frühling!

Der Himmel wettert: Schnee!

Nun muß die Sonne noch einmal anfangen, den Winterdreck wegzuräumen.

Das Kalenderblatt macht noch kein Frühjahr. Ich lasse es aus der Hand fallen. Wie ein welkes Blatt trudelt es in den Papierkorb.

Timm stiefelt vom Hof. Ich gucke auf die Uhr; er geht eine Stunde später als sonst.

»Bei diesem Matsch wird keiner pünktlich sein.«

Am Mittag ist der Einfall des Himmels vergessen. Die Sonne strahlt.

Frage an Timm: »Warst du schon bei dem Mädchen?«

»Keine Zeit.«

Aus einem Wolkenloch blitzt der Mond in die kahle Pappelkrone. Sekundenschnell wie eine geschwungene Axtklinge.

Beim Schmied in D., für die Schafe Tüderpfähle holen. Er brennt gerade einem Pferd von der Genossenschaft ein Eisen auf.

Eine Schmiede hatte für mich schon immer etwas Anziehendes; das Schmiedefeuer, der Blasebalg, die sprühenden Funken, das Wunder, glühendes Eisen mit einem Hammer formen zu können.

Schmieden – ein altes Handwerk, das Geschick und Energie fordert.

Ich halte meine Nase in den Qualm, der vom verbrannten Huf aufsteigt.

Ich habe wieder einmal Wut auf meinen Sohn. Er wollte in das Nachbardorf zum Tischler; Geburtstag. Weil es seit zwei Stunden pladdert, gase ich mit dem Auto über den grundlosen Feldweg, um ihn abzuholen. Beim Tischler viele Gäste, nur einer nicht: Timm.

Zu Hause angekommen, sehe ich in seinem Zimmer Licht brennen. Neben ihm auf der Liege M.

»Ich denke, du wolltest zum Tischler?«

»Hab's mir anders überlegt; ich hab sie vom Bahnhof abgeholt, und dann sind wir in der Mitropa hängengeblieben.«

Der Morgen dämmert dunstig. Meine Schafe Paul und Paula begrüßen mich schnuffelnd an der Stalltür. Neben Paula stehen staksig zwei Lämmer. Die Mutter leckt das Fell eines Neugeborenen und meckert leise. Dann sieht sie mich an, als wollte sie fragen: Na, zufrieden?

Und wie ich zufrieden bin! Ich laufe in das Haus, mixe ein warmes Schrotgetränk und bringe es der Schafmutter. Sie schlürft, und mir wird warm ums Herz beim Anblick dieser zwei Hände voll neuen Lebens.

Unbemerkt tritt Timm an meine Seite, lächelt still, krault das Fell des Alttiers und sagt zu Paul: »Da kriegst 'n Auge, wa?«

Eine Silberkette, schwer durchhängend, der Leitungsdraht zwischen zwei Masten.

Die Perlen: Stare.

Timm hat vier Abende hart gearbeitet; den Autoanhänger eines Arbeitskollegen mit Holz verkleidet. Glücklich bis unter die Haarwurzel, führt er mir die vollendete Leistung vor; ein handfestes Stellmacherwerk.

Der den Hänger holt, hat eine Flasche Klaren mitgebracht. Die jungen Leute trinken, essen saure Gurken zum Brand.

Da kräftigt sich in mir die Versuchung, mitzuhalten. Ich lasse es, verdrücke mich, gehe spazieren. Außerdem sind die Witze des Gastes so ekelhaft, daß selbst mein Sohn sich abwendet.

Sprache als Ausdruck des Denkens, des Fühlens: fikken, vögeln, umlegen, umnieten, hacken, piepeln, popeln, Schnecke aufmachen, einen verpassen, anmachen, durchziehen, bürsten, vornehmen, zum Quieken bringen, müde machen, fertigmachen, schnullern, aufreißen, Dorn einziehen, einen verballern, über die Bettkante ziehen ...

Ein stattliches Angebot für ein Synonym-Lexikon.

Verwilderte Gefühle? – Protzentum? – Tierische Einstellung zum anderen Geschlecht?

»Auf dich ist kein Verlaß.«

»Nun brems dich mal; wieso denn?«

»Wolltest mich um vier zur Werkstatt fahren, das Moped holen.«

»Glatt vergessen. Vergißt du nichts?«

»Aber nichts Wichtiges.«

Lapidare Zeitungsmeldung: »Flugzeug verliert Rakete«.

Was, wenn sie einen einsatzbereiten Sprengkopf getragen hätte?

Wer garantiert, daß solche oder ähnliche Vorfälle immer so glimpflich ablaufen?

Liegt in solch einem »Unfall« nicht die Möglichkeit eines Krieges?

Nach Angaben des USA-Bulletins »Defense Monitor« sind auf der Erde Kernwaffen mit der Energie von mehr als einer Million Hiroshima-Bomben angehäuft. Von 1977 bis 1984 kamen vom US-amerikanischen Frühwarnsystem mehr als 20000 falsche Signale von einem Raketenangriff auf die USA. Erst der rechtzeitige Eingriff von Menschen hat Katastrophen verhindert. In sieben Jahren hätte es mehr als zwanzigtausendmal passieren können, daß diese Million Hiroshima-Bomben zum Einsatz hätten kommen können.

Was, wenn ein Wahnwitziger solch ein Versehen plant? In vornuklearer Zeit hätte auch der machtvollste, reichste Herrscher nie die gesamte Menschheit vernichten können. Heute existieren Mittel, mit denen das möglich ist. Wer garantiert, daß es nicht irgendwo einen Unhold gibt, der den Untergang der Menschheit provoziert? Um sich persönlichen Ärger vom Halse zu schaffen; um sich für irgend etwas zu rächen; weil er Lust am Zerstören hat.

Oder: Was, wenn Untergebene bedingungslos die Befehle eines Wahnsinnigen ausführen? – Man denke an Hitler.

Befehle – wer garantiert ihre Richtigkeit?

Wohin käme eine Armee ohne Disziplin? Einordnen, unterordnen, wesentliche Voraussetzungen für das Funktionieren militärischer Aktionen. Gerade aber in der Bedingungslosigkeit der Befehlsausführung liegen die Gefahren globaler Katastrophen.

Sobald Kinder in das Haus kommen, zieht es sie zu

Timm. Er wird jungenhaft fröhlich, dammelt mit ihnen über die Wege, juxt und gaukelt herum.

U. ist vor das Haus gerollt; Schauspielerin in S. Wir trinken Tee, schwatzen über ihre Rolle im FAUST. Timm spielt mit dem fünfjährigen Sohn.

»Ich zaubere jetzt, daß die Lampe nicht mehr brennt.«

Der Zauberer lenkt den Blick des Kleinen auf eine Fliege am Fenster und schraubt blitzschnell die Glühbirne locker.

»Ich zaubere jetzt, daß hinter dem Haus Bonbons vom Himmel fallen.«

Der Junge flitzt um den Giebel. Timm wirft eine Handvoll eingewickelter Drops über das Dach.

»Ich zaubere jetzt, daß die Katze aus dem Fenster springt.«

Er nimmt Grauchen auf den Arm, tritt mit ihr an das offene Fenster und ruft: »Spring, Grauchen, spring!« Die Katze legt die Ohren an, miaut und hechtet hinaus in das Gras.

U. hat die Zaubereien mit einem Auge verfolgt. Sie möchte wissen, was er mit der Katze gemacht hat. Timm lächelt und antwortet: »Ganz einfach; kräftig in den Arsch gekniffen.«

Ein kranker Mann ist das halbe Krankenhaus. Den ganzen Tag wehleidiges Gestammel: Kannst mir mal das bringen? – Ach, hol mir doch mal dies!

Timm ist vor zwei Tagen ohne Hemd im Garten mit dem Hund herumgetollt. Und nun liegt er erkältet im Bett. Ich habe ihm eine Schwitzkur eingeredet und stelle ihm heißen Tee mit Zitrone hin.

»Du siehst, eine Schwalbe macht noch keinen Sommer.«

Antwort: »Du mit deinen Sprichwörtern immer.«

Später: »Woher kennst du eigentlich alle diese Sprichwörter?«

»Von deiner Großmutter.«

»Stimmt. Ich erinnere mich. Die hatte immer so was drauf.«

Später: »Und woher kommt so was mit der Schwalbe?«

Ich muß mit der Schulter zucken, erinnere mich aber bei gründlichem Nachdenken, daß diese Redensart abgeleitet worden ist von der Äsop-Fabel: Der verschwenderische Jüngling und die Schwalbe.

Der Jüngling, nachdem er die erste Schwalbe gesehen hat, verkauft seine Habe; wozu braucht er noch einen Wintermantel; der Frühling ist da. Aber der Winter bricht noch einmal in das Land. Die Schwalbe erfriert. Der Bursche schickt ihr Worte des Zornes nach, weil sie ihn getäuscht hat und er nun jämmerlich bibbern und frieren muß.

Ein Himmelhund, mein Sohn!

Ich verkünde meine soeben angelesene Weisheit.

Er grinst und spöttelt: »Ich hab einen schlauen Papa.«

Schlagfertig war der Bursche eigentlich immer schon.

* *

Erinnerung

Sommer im Park von Markkleeberg. Ich habe den kleinen Kerl vom Kindergarten abgeholt. Er stürzt in den Sandkasten, ich setze mich auf eine Bank. Neben mir eine Frau. Sie hat ihre Zehennägel lackiert. Timm entdeckt es und fragt ungeniert: »Du, was ist das da?«

»Das ist Lack«, sagt die Frau verlegen.

Der Junge stutzt einen Augenblick. Dann sagt er: »Meine Mami wäscht ihre Beine.«

* *

»Warst du denn endlich bei dem Mädchen?«

»Wie soll ich, wenn ich krank bin.«

Auf dem Feldweg ein Reiter, wie weiland unser Gutsinspektor. Der Mann wohnt im Ausbau des Nachbardorfes Meteln; er ist Treckerfahrer bei der Genossenschaft.

Ich sehe ihm lange nach, gepackt von der uralten Sehnsucht nach einem eigenen Pferd.

Von meinem Großvater, einem Gutsknecht, habe ich gelernt, mit Pferden umzugehen:

Fohlen einreiten, an die Wagendeichsel gewöhnen.

Futter mischen: Weizenspreu mit Haferkorn.

Das Fell striegeln.

Die Hufe lackieren.

Den Schwanz und die Mähne flechten.

Geduldig nächtelang auf dem Haferstrohsack im Stall zu wachen, wenn eine Stute fohlen sollte.

Mit einem Pferd zu sprechen wie mit einem Menschen, nur ruhiger.

Von meinem Großvater habe ich gelernt, mit Ochsen umzugehen: anschirren, pflügen, eggen, drillen.

Und auch das hat mir Großvater beigebracht: Wenn ich mit einem Ochsengespann durch das Dorf fuhr und gefragt wurde von einem hinterhältigen Klugscheißer: Na, wohin wollt ihr drei denn?, zu antworten: Am vierten vorbei.

APRIL

Aprilscherz. Gegen neun sitzt die Familie beim Frühstück. Da jault plötzlich der Hund.

Timm stürzt in die Scheune. Gleich darauf ein Schrei: »Ein Fuchs! – Komm schnell, Vater! – Ein Fuchs!«

Ich kann den Eindringling gerade noch im Brennesselgewirr am SANDSOLL verschwinden sehen.

Ist er tollwütig?

Hat er den Hund gebissen?

Wir binden Friedwart an einen jungen Kirschbaum; niemand darf ihn mehr berühren.

Wir trinken unseren Kaffee und steigen in das Auto. Der Vorsitzende der Genossenschaft ist Jäger; er wird Rat wissen.

Auf dem Hohlweg – der Fuchs. Er wechselt vom Gerstenfeld auf den Weizen. Wir rasen den Hang hinunter. Ohne den Motor abzustellen, steigt Timm aus dem Auto und greift einen Knüppel. Kurze Jagd. Wir stellen das Tier. Mein Timm schlägt zu. Der Fuchs ist hochgradig krank; das Maul hängt voller Speichel.

Anruf des Vorsitzenden beim Tierarzt. Der kommt nach dem Mittagessen in das Haus. Wir führen ihn zum Weizenacker. Der Doktor streift Gummihandschuhe über und zieht den erschlagenen Rotpelz in einen Plastesack.

Schlaflose Nacht. Der Hund winselt. Timm möchte ihn abknebeln. Ich bitte, es zu lassen; das Risiko ist zu groß.

Montagabend. Im Briefkasten das Gesetzblatt über Tollwut, Nachricht vom Tierhygiene-Institut, daß der Fuchs tollwütig war, Brief des Kreistierarztes: »... erwarte innerhalb von vierundzwanzig Stunden eine Entscheidung, was mit dem Hund geschehen wird; entweder töten oder sechs Monate Zwinger.«

Wie entscheiden? Wen fragen?

Wir fahren zum Tierarzt.

Seine Antwort: »Wenn Sie mich fragen – töten. Wenn ein junger Hund sechs Monate im doppelwandigen Käfig verbracht hat, läßt er keinen mehr an sich ran.«

Timm fragt nach anderen Möglichkeiten.

Tierarzt: »Keine!«

»Wir müssen zum Förster; der wird ihn erschießen.«

»Kommt nicht in Frage.«

»Ja, was denn?«

»Ich lasse den Hund nicht hinterrücks erschießen.«

»Weißt du einen anderen Ausweg?«

»Der Hund versteht nur mich; nur ich darf ihn totmachen.«

Dämmerung. Timm sitzt wenige Minuten vor dem Fernseher, dann wieder vor dem Hund. Schwatzt mit ihm.

Mich treibt die Erregung von einem Zimmer zum anderen. Quälende Fragen: Wie will der Junge das Tier töten? – Womit? – Wann? – Gleich ist es dunkel.

Ich schreie: »Mach doch endlich!«

Timm in verzweifelter Gleichgültigkeit: »Laß mich doch in Ruhe!«

Dienstagmorgen. Timm sitzt am Kaffeetisch und raucht eine Zigarette nach der anderen.

Mir schmeckt der Kaffee bitter. Meine einzige Sorge: »Hast du ihn berührt?«

»Ich mußte ihn doch von der Kette nehmen.«

Wie der Hund starb, will ich nicht wissen.

Wir entschließen uns, zur Tollwut-Impfstelle nach Schwerin zu fahren. Die Ärztin, eine bretthagere, aufgeschossene Frau mit Mannsstimme, beschimpft die

Tierärzte wegen ihrer strengen, unnachgiebigen Forderungen, und auch uns, weil wir es so eilig hatten, den Hund unter die Erde zu bringen.

Ich lasse mich von den Beschimpfungen nicht beeindrucken; ich sage mir: Sicher ist sicher. Wenn sich Tierärzte und Humanärzte in dieser Frage nicht einig sind, ist das nicht meine Sache.

Wir dürfen beruhigt wieder nach Hause fahren.

Das Grab des Hundes unter dem jungen Kirschbaum.

Timm rollt einen Feldstein darauf.

»Wegen der Wildschweine.«

Timm zerhackt die Holztafel, die er aufgestellt hat; darauf steht: HUND VON TOLLWUT BEFALLEN – NICHT BERÜHREN.

Eine umständliche Aufschrift, wie mir jetzt auffällt.

Ich frage meinen Sohn, wie er das einfacher, kürzer sagen könnte.

Antwort: Vorsicht, Tollwutgefahr.

Warum er es nicht so geschrieben hat, beantwortet er nicht.

Schreiben scheint schwieriger zu sein als Sprechen. Ich erinnere mich, an einem Wintertag an einem Gartentor gelesen zu haben: Das Läutewerk ist unterbrochen – bitte rufen!

Warum hat der Hausbesitzer nicht geschrieben: Die Klingel ist kaputt?

Ein Funktionär in seiner aufgeschriebenen Rede: »Bei der Durchführung der Erfüllung des Planes ...«

Als ich ihn darauf aufmerksam mache, sagt er: »Wir haben den Plan erfüllt.«

Gespräch mit G.

»Wo ist der Hund?«

»Dort liegt er.«

»Wo?«

»Unterm Kirschbaum.«
»Was denn, tot?«
»Der Tierarzt wollte es so.«
»Du wolltest es so.«
Timm mischt sich ein: »Stimmt, was Vater sagt.«

Sonnabendmorgen – Fahrt nach Lübstorf zu Wolfgang G., Angestellter beim Holzhandel. Nach seiner Arbeit mit Leib und Seele Umweltschützer in unserem Bereich. (Ich nenne ihn heimlich: »Der Umweltsenator von Lübstorf«.) Dieser Freund mit dem gemütlichen Bauch und den verschmitzten Augen hat über Winter Nistkästen gebaut; ich soll einige davon abbekommen für meinen Garten.

Der Sonnabendmorgen sonnt sich in seinem feuchten Taugewand. Die Straßenbäume – Linden und Kastanien vor allem – setzen zaghaft ihr Grün an.

Rätselfrage: Wie viele Grün mag es geben?

Der große Treck zu den Wochenendhäusern hat begonnen. Mir entgegen rollt Auto an Auto, viele mit einem Hänger. Darauf Baumaterial, Betonmischer, Möbel. Der große Rückzug in das Reich des ICH für die nächsten achtundvierzig Stunden. Die gezügelten Sehnsüchte nach Kreativität endlich freilassen auf einem Baugerüst, einem Gartenbeet.

Wogender, windgestreichelter Roggen. Wehmutsvoll erinnere ich mich an meine Kindheit, an die Äcker hinter dem Dorfe, auf denen heute Übungsgranaten sowjetischer Panzerkanonen explodieren, Handtücher, die nur mit Kartoffeln und Roggen im Wechsel bestellt werden konnten; entsinne mich der heiteren Spaziergänge mit Vater und Mutter auf den schmalspurigen Feldwegen entlang.

Wie gern würde ich noch einmal mit den beiden Alten über den mit Löwenzahn vergoldeten Steig zur Kiefernheide hin gehen, wie gern …

Wie ein gekämmter Kopf der Hügel, nachdem die Traktoren mit den Achtscharpflügen darüber hin gezogen sind.

Manchmal packt mich der Geschwindigkeitsrausch. Ich lasse das Auto auf der geraden kurzen Strecke hundertzwanzig Stundenkilometer fahren.

Mein Freund Wolfgang ist natürlich nicht zu Hause.

»Wo soll er schon sein«, sagt seine kleinpummelige, freundliche Frau, »er will bei euch drüben an irgendwelchen Söllen irgendwelche Brutstätten zählen.«

Um Drispeth herum müßten ein halbes Dutzend Straßen den Namen dieses Mannes tragen; alle sind auf seine Initiative hin mit Bäumen gesäumt worden. Als im vergangenen Jahre die Frühjahrstrockenheit an den jungen Linden und Vogelbeerbäumen zehrte, hat er einen Wasserwagen der Genossenschaft in Bewegung gesetzt und ist in den Dörfern von Haus zu Haus gefahren, um einige Männer zu finden, die mit ihm die Bäume gießen.

Eine Tasse Kaffee, freundliche fünfzehn Minuten und zwölf Vogelkästen – der Gewinn dieses Sonnabendmorgens.

Fünf Brutstätten hänge ich in meinen Garten, die anderen bringe ich im Moor an.

Die Dämmerung webt ihr Grauhemd. Ich pfeife am Rande der Koppel entlang zum Oll Muur. Die Lerche trillert die Sonne ins Bett. Meine Blicke spazieren dem heiteren Lerchenlied nach.

Da stolpere ich.

Ein alter Grenzstein.

Grenzsteine – Warnzeichen: Halt! Hier fängt mein Besitz an!

Grenzsteine – manchmal unüberwindliche Barrieren des Hasses, der Zwietracht, der Verachtung.

Wetterumschlag. In den Knochen polkt der Schmerz. Ich habe meinen Sohn gebeten, die letzten Staudenbeete umzugraben. Nun sehe ich, daß er ein bißchen geharkt hat.

»Das geht doch so.«

Ich zeige auf die braungrünen Queckenspitzen, die keck aus der Erde spießen.

»Harken nützt nicht, wo Hacken nötig wäre.«

Heute bin ich an einem Bach stehengeblieben und habe verwundert geflüstert: Wie klar der ist!

Bewunderung für das Sperlingsmännchen; zwölfmal hintereinander kann es.

Der Wind hat seine Wolkenchöre am Himmel aufziehen lassen. Zaghaft leise probieren sie die erste Strophe ihres Regenliedes.

Solist im Chor: Die jubelnde Amsel.

Vorhin kam der Wind aus Nordost. Jetzt weht er vom Süden.

Woher er auch kommen mag – die schöne Birke muß sich vor ihm verbeugen.

Überlegung: Was wäre, wenn ich mich nicht mehr bewegen könnte? – Ob eines meiner Kinder sich Zeit nehmen würde für mich?

Wahrscheinlich ein alberner Gedanke, wenn Eltern von ihrem Nachwuchs Dankbarkeit erwarten.

Die neue Müllgrube. Wir haben sie zwischen den Holunderbüschen am Westgiebel des Hauses ausgehoben. Dabei sind wir mit dem Spaten auf den verrosteten Schaft einer Pistole gestoßen; eine 08 aus dem letzten Kriege.

Wohin ist der deutsche Kommißstiefel eigentlich nicht getreten?

Wer mag das Schießeisen hierhergeworfen haben? – Ein Deserteur? – Ein Flüchtender vor der Roten Armee, wie ich einer war, der seine Waffe in einen See bei Zerbst geworfen hat?

Mein Sohn betrachtet den Revolver mit gelassener Neugier.

Später: Timm hat das Schießeisen entrostet und mit grüner Lackfarbe gestrichen.

»Für unser Museum an der Hauswand.«

Hier hängen schon: Hufeisen, Pflugschare, eine Egge, Ketten, Zughaken, eine Rübenrodegabel.

»Schon wieder ein Raumschiff gestartet.«

»Was interessiert mich das, wenn ich nicht drin sitze.«

Später: »Wann haben die eigentlich das erste Ding da hoch gejagt?«

»Im Oktober siebenundfünfzig.«

»Und den Gagarin?«

»April einundsechzig; da war ich gerade in Moskau.«

»Kann man sich gar nicht vorstellen, wie das ist, schwerelos.«

* *

ERINNERUNG

Nach einer Ballettvorstellung im Bolschoitheater war ich mit einem Bekannten in das Hotel LENINGRAD gegangen. Nachdem wir eine Flasche Wein getrunken und gegen Mitternacht unsere Mäntel von der Garderobe abgeholt hatten, standen zwei Moskauer neben uns. Der eine fragte: »Deutsche?«

»Ja.«

»DDR?«

Wir nickten.

Die Männer luden uns ein, mit in ihre Wohnung zu fahren. Im Taxi erfuhren wir, daß Aljoscha, der eine, Allunionsboxmeister war und daß Nikolai, der andere, als Ingenieur in einer Maschinenfabrik arbeitete.

Am Ziel – ein altes Haus im Süden Moskaus –, der Taxifahrer rief plötzlich: »Hören Sie, Genossen, hören Sie!«

Er drehte das Radio lauter. Wir blieben sitzen. Gespannt vernahmen wir auf mitternächtlicher Straße die Nachricht vom denkwürdigen Ereignis des Starts von Wostok 1 mit Gagarin an Bord.

Beim Aussteigen sackte ich in die Knie und hörte neben mir einen Freudenschrei. Aljoscha, der Allunionsboxmeister, hatte mich auf die Schulter geschlagen.

Bis morgens gegen fünf saßen wir, bewirtet von Aljoschas freundlicher Babuschka, bei Wodka, Früchten, Brot und Eierspeisen. Und immer, wenn ich nach meiner schmerzenden Schulter griff, lachte die Gesellschaft, und der Gastgeber ulkte: »Nicht so schlimm, wenn du nach unten gegangen bist, Gagarin ist dafür oben.«

* *

Meine Lektorin schickt Gedichte zurück, die ich ihr zur Ansicht gegeben habe. Die Manuskripte sind voller Striche und Randbemerkungen.

Timm: »Ärgert dich das nicht, wenn die dich kritisieren?«

»Schmerzhaft ist es schon.«

»Warum läßt du es dir gefallen?«

»Ich versuche, jede Kritik mit der Lupe der Neugier zu lesen: Wo hat der Kritiker recht? – Letztlich entscheide ich natürlich, was stehenbleibt, aber ich bin für jede Anregung dankbar. Schadet doch nichts, über das nachzudenken, was andere erdacht haben. Unser Leben ist eine Kette von Irrtümern; die wenigen Nichtirrtümer sind die Pfähle, die diese Kette tragen.«

Timm hat einen großen Topf mit Alpenveilchen und einen Kasten Pralinen auf dem Tisch stehen.

»Willst zum Geburtstag?«

»Nein.«

Der Junge lächelt und nickt vorwurfsvoll.

»Morgen kommt Mutter.«

»Aha.«

»Morgen ist der ...«

Wie schon den Frauentag, so hätte ich beinahe auch den Geburtstag von G. vergessen.

Später: Timm mit einem Brief.

»Ich habe auch etwas vergessen.«

Ich lese. Der Junge steht dabei.

»Na, was sagste nun?«

»Freu dich!« antworte ich und gebe ihm sehr erleichtert den Schrieb zurück, in dem die Nachricht steht, daß die »Ische« kein Kind bekommt.

Ein Dorfplatz.

Eine Milchbank.

Davor ein knappes Dutzend junger Leute.

Diese Gleichmacher, die sich gegen jede Gleichmacherei wehren.

Einer wie der andere in Jeans.

Einer wie der andere mit Moped.

Einer wie der andere mit ausgelatschten braunen »Trampers« an den Füßen.

Als wäre mir das eingebrannt worden: »Der Führer Adolf Hitler wurde geboren am 20. April 1898 in Braunau am Inn ...«

An diesen Satz werde ich alljährlich erinnert, wenn der Kalender diesen Tag anzeigt.

Zum dritten Male beim Vorsitzenden der Genossenschaft mit der Bitte, die Klärgrube zu leeren. Wieviel unterwürfige Bettelei. Wieviel Zeitaufwand für eine kleine, aber doch wichtige Angelegenheit des Lebens.

Nach Graugrieshimmel-Tagen endlich wieder Sonne. Ich werfe mich auf die Wiese, drücke die Nase zwischen die jungen Halme, schnuppere, wälze mich.

Wäre Gras verdaulich – heute würde ich davon essen.

Timm öffnet den Rucksack, stellt einen gedrechselten Holzleuchter auf den Tisch.

»Das mache ich in der Mittagspause.«

»Und was arbeitest du sonst?«

»Leitern bauen, jeden Tag Leitern; zum Kotzen langweilig.«

Monotonie der Arbeit – damit müssen täglich Millionen fertig werden an Fließbändern, in Werkhallen, Kaufhöfen, Rechenzentren.

Bleibt die Frage, wieweit die Schule darauf vorbereitet hat? Wird Kindern nicht allzuoft heile Welt vorgegaukelt?

Wie geschickt und ungeschickt beraten Lehrstellenberater? Wieweit können sie Neigungen und Wünsche berücksichtigen?

Wie oft irren sich die Bewerber mit ihren Neigungen?

Welche Belange hat die Volkswirtschaft?

Welche Rolle spielt der Wunsch der Eltern?

Na, und nützt nicht mancher Erwachsene seine Stellung, um sein Kind in eine Lehrstelle zu bringen, in die es wegen eines unzulänglichen Zensurendurchschnitts gar nicht kommen dürfte?

Wird in jedem Falle Persönlichkeitsbewertung über den Zensurendurchschnitt gestellt? Ich betrachte Zensuren für überholt. Sie sind bequeme Krücken für den Lehrer bei der Beurteilung eines Schülers. Sie fördern das Strebertum, sind nur die halbe Wahrheit über einen Lernenden. Wenn auf einem Zeugnis nur Einsen stehen, grinst aus irgendeiner Ecke die Lüge; es ist nie möglich, daß ein Schüler in allen Fächern sehr gut sein kann, nie.

»Wohin?«

»Mauern.«

»Du und mauern? – Bei wem?«

»Ach, da is so'n Typ, der baut ein Haus aus.«

»Was zahlt er denn?«

»Zwölf Mark die Stunde; der stinkt vor Geld.«

Ob das harte Urteil meines Sohnes über die Arbeit in seiner Werkstatt nicht auch ein wenig von Lustlosigkeit, um nicht zu sagen, Faulheit diktiert wird?

»Ich lebe doch nicht im Sozialismus, um wie im Kapitalismus zu racken.«

»Schuften, schuften, schuften, und dann wartest du zwölf Jahre auf ein Auto.«

»Klotzen, klotzen, und dann hast du am Ende die paar Piepen auf der Hand.«

Hapert es bei jungen Leuten nicht überhaupt ein wenig mit der Arbeitsmoral?

Da kommt – das erfuhr ich vor Wochen bei einer Bibliothekarin – ein Mädchen in die Bücherei und verlangt ein Buch über Engels. Die Bibliothekarin legt ihr eine dicke Biographie auf den Tisch.

»Was denn, so dick? Nee, ich möchte doch nur ein dünnes Buch.«

Spätabends, ein wenig angetrunken, kommt Timm von der Baustelle.

»Mann, da schmeißte dich hin; der hat alles: Zement, Kalk, harte Klinker, die schönsten Fliesen. Und Fenster – so was hab ich noch nich gesehn.«

»Und woher kriegt der das?«

»Beziehung; der hat Westpiepen, dafür läßt doch jeder was gucken.«

Später: »Bin ganz schön geschafft. Aber bei dem kannste mal sehen, wie solide gearbeitet wird. Pfusch is da nich drin.«

* *

ERINNERUNG

Herbst einundvierzig. Lehrzeit auf dem Bauernhof. Der Roggen wird gedrillt. Ich habe den Auftrag bekommen, hinter der Drillmaschine her mit der leichten Saategge das Korn einzueggen. Der Drillsatz ist genau fünf Meter, meine Egge auch fünf Meter breit. Ich lasse mein Gespann in den Hufabdrücken des Drillmaschinengespanns laufen und übersehe, daß die Radspuren der Drillmaschine auch geeggt werden müssen.

Am Abend kommt der Bauer, sieht die ungeeggten Streifen, faucht mich an und verlangt von mir, den ganzen Zehnhektarschlag noch einmal zu eggen – und zwar am Sonntag.

* *

ERINNERUNG

Hochsommertag. Ein Gewitter steht am Himmel. Nach dem Abendessen bittet der Bauer alle Leute auf dem Hofe, schnell noch die letzten Fuhren Heu zu bergen. Wenige Minuten darauf jagen die Gespanne vom Hof. Gabeln stechen zu. Harken rischeln. Heuberge sausen durch die Luft und werden auf die Gerüste der Leiterwagen geschichtet. Schweiß rinnt. Arme werden schlaff.

Mit dem ersten Tropfen Regen fährt das letzte Gespann auf die Tenne.

Und das Heu gehörte keiner Genossenschaft, keinem volkseigenen Gut.

* *

ERINNERUNG

Herbst fünfundvierzig. Das Rittergut des Grafen B. in S. wird volkseigen.

Ein Landarbeiter wird beauftragt, ein Schild an das Tor zu nageln: VOLKSEIGENES GUT.

Der Mann besorgt sich beim Tischler Bretter, Nägel.

Am Abend hängt das Schild.

Den Rest der Bretter und die übrigen Nägel schleppt der Landarbeiter heimlich mit nach Hause.

* *

Erstes Geschrei um die Nistkästen: Kohlmeise gegen Feldsperling.

Schreibtisch ade! Jetzt will mich der Garten, muß graben, säen.

Timm fährt auf den Hof. Noch bevor er abgestiegen ist, fragt er: »Wollen wir mal schnell in die Stadt fahren zur Handwerkskammer wegen meinem Meister?«

Meine Zufriedenheit macht vor Freude Bocksprünge. So schnell bin ich noch nie in das Auto gestiegen. Wir fahren nach Schwerin. Der Junge schwärmt von einer Werkstatt, was er machen möchte: Möbel, Spielzeug.

»Ein schneller Entschluß; wer hat dich darauf gebracht?«

»Keiner.«

»Also Tischlermeister.«

»Du hilfst mir doch dabei?«

Nach dem Gespräch mit einer mürrischen Sekretärin – sie wollte die Bürotür gerade abschließen – sind wir schlauer: fünf Jahre Arbeit bei einem Meisterausbilder, Lehrgänge, Schule.

Timm: »Nach der Armeezeit fange ich an.«

Der optimistische Lindenbaum. Den ganzen Stamm entlang treibt er Sprosse, selbst da, wo sein eigener Schatten hinfällt.

Bäume treiben, ohne zu fragen, wozu.

Seit Tagen sammelt Timm Steine von den Äckern. In der Werkstatt – wie manchmal schon – gibt es keine Arbeit. Er nimmt diese Beschäftigung gelassen hin, heute sogar heiter: zwei Steine – einen Schluck aus der Pulle.

Das Lob des Vorsitzenden: »Ihr Sohn ist ein fleißiger Bursche, bloß störrisch ist er manchmal wie ein Jungbulle, der in einen neuen Stall soll.«

Meine Frage, warum der Tischler Steine sammeln muß, beantwortet der Leiter mit einem Schulterzukken. »Saisonarbeit; da muß jeder helfen, in der Landwirtschaft geht das nicht anders.«

Ob das wissenschaftlich haltbar ist?

Mit rauhen Strichen striegelt der Regen den Pelz der Wiese.

Die Hahnenfußblüten glänzen wie goldene Knöpfe.

Mai

Die Birke vor dem Hause muß einige Zweige lassen; ein Strauß zum 1. Mai im Hausflur – Gewohnheitssache, von Vater übernommen.

Timm sitzt in seinem Zimmer, hört Radio.

»Gehst du nicht zur Demonstration?«

»Ich demonstriere nicht für zehn Mark.«

Mein Fragegesicht.

Seine Antwort: »Die kriegt jeder, der mitgeht. Außerdem – da stehen Leute auf der Tribüne, die ich gar nicht kenne. Wieso muß ich denen zujubeln? Warum gehen die nicht an der Spitze des Zuges. Das macht sogar der Erste Sekretär der Franzosen.«

Gehörtes?

Eigene Gedanken?

Ich lade ihn ein zu einem Bier im Dorfkrug.

Gespräch auf dem Wege: »Deine Zweifel in Ehren, aber bedenkst du sie immer gründlich?«

Antwort: »Unser Stabü-Lehrer hat gesagt: Nur der Dumme hält Zweifel für Pessimismus. Hast du denn immer alles gründlich überlegt?«

Vom Dorf her Marschmusik. Wir geraten mitten hinein in den Trubel des kleinen Umzuges von Dorfende zu Dorfende.

»Siehst du, nun demonstriere ich auch«, sagt mein Sohn. »Aber hier macht es Spaß.«

Mein Sohn trinkt sein Bier, ich genieße meinen Kaffee.

Timm denkt laut: »Was mögen meine Kumpel jetzt machen?«

Ich denke leise: Nun ärgerst du dich wohl doch, nicht hingefahren zu sein.

Um uns herum die Angetrunkenen diktieren mir die

Überlegung: Für manche Leute ist der 1. Mai nicht rot, sondern blau.

Timm drückt das so aus: »Die haben ganz schön was auf der Lampe.« Und so: »Der hat mindestens einsacht im Turm.«

Losungen auch in unserer kleinen Gemeinde. Ich frage mich: Was würde auf den Transparenten stehen, wenn jeder seine eigenen Gedanken formulieren dürfte?

Wer liest Losungen?

Wer bezahlt sie?

Vor dem Kriegerdenkmal ist zu lesen: GRUSS DEN ERBAUERN DES SOZIALISMUS!

Wer grüßt hier wen?

Kein Hengst ist so alt, daß er im Mai nicht noch einmal wieherte. Ich sehe eine junge Frau, schwarz – und langhaarig; feurige Augen; eine Gestalt wie eine reife Tänzerin. Es muß eine Fremde sein, aus dem Dorf jedenfalls ist sie nicht. Ich stehe wie festgewachsen, starre sie an.

Timm schubst mich vorwärts. »He, hier bin ich!«

Der Mond spielt Verstecken.
Der Wind huscht ihm nach,
von Wolke zu Wolke.

Am Abend im Fernsehen die AKTUELLE KAMERA. Mehr als vierzig Minuten werden Demonstrationszüge, Tribünen und Gesichter führender Persönlichkeiten gezeigt.

Ob die Verantwortlichen nicht merken, daß sie ein ganzes Volk langweilen mit solch einer Nachrichtensendung?

Im Wald Schleeten geschlagen für den Schafzaun.

Auf der Straße ein junger Mann mit Walkman. Dieses Gerät ermöglicht noch mehr, nach innen zu emigrieren.

Erstaunlich, wieviel Erfindergeist der Mensch aufbringt, gegen seine Natur zu wirken.

Frühjahr – alles reckt, alles streckt sich, jedes nimmt Farbe an. Baum und Strauch singen. Die da singen, sind beschäftigt mit Nestbau, Brutgeschäften. Auf den Äckern der Lärm der Maschinen, die säen, Gesätes pflegen, düngen. Das Wasser der Sölle ist bewegt von Froscharmen, das Himmelsblau erwacht unter den Klapperschlägen der Storchschnäbel.

Und unsereins stellt sich mittenhinein in den Prozeß des Erneuerns, Verwandelns. Zaun ausbessern, Hauswände tünchen, trockenes Gras verbrennen. G. sät Blumensamen auf frischgeharkten Beeten. Timm reinigt das zerlegte Fahrrad. Laute Musik begleitet unsere Arbeit. Alle tragen Sonne im Gesicht.

In der Holunderhecke Amselgezeter: Tix-tix-tix-tack-tack-tack – Ich kippe mich aus dem Liegestuhl und schleiche an die Sträucher, die würdevoll ihr junges Blätterkleid tragen. Bedachtsam biege ich die Zweige auseinander. In der Nähe des gestutzten Kirschbaumes – mit pinselnder Schwanzspitze – Mulle. Gespannt wie eine Sehne hockt sie zwischen den tiefgrünen Nesseln und linst zur Baumkrone hinauf.

Ich bücke mich nach einem Stein, werfe, schimpfe.

Timm hat mich beobachtet und ruft: »Willst du der Katze abgewöhnen, Katze zu sein?«

Meine dummen Schafe. Den ganzen Tag habe ich das Gatter verdichtet.

Trotzdem laufen die Lämmer schon wieder außerhalb im hohen Grase herum.

Meine klugen Schafe.

Timm kommt aus der Stadt, öffnet schmunzelnd einen Plastebeutel, läßt eine junge, schwarze Katze frei.

Ich nöle:. »Haben wir nicht genug davon?«

Mein Sohn streichelt den Kater, den er Luchs nennt, dreht das Gesicht des Tieres zu mir und sagt: »Da, der böse Onkel mag dich nicht.«

Ein Brief mit der Bitte, eine Jugendweiherede zu halten. Dazu gleich drei Seiten Hinweise, was in der Rede enthalten sein müßte. Ich lehne ab; ich habe Hemmungen, vorgeschriebene Gedanken äußern zu müssen.

Die Herbstmühen haben sich gelohnt; alle angepflanzten Rosen treiben.

Ich wasche ab. Timm sitzt am Tisch und döst. Ich klappere mit den Töpfen, lege das Abtrockentuch vor ihn hin. Er reagiert nicht. Seufzend stelle ich das Geschirr in den Schrank.

Mein Sohn: »Hättest doch etwas sagen können.«

»Du hast doch Augen im Kopfe.«

Darauf dieser einfallsreiche Bursche: »Ich dachte, das macht dir Spaß.«

In der Sonne gelegen, geschlafen. Sonnenbrand.

Das Maigewitter. Die jungen Salatpflanzen, die Setzlinge der roten Rübe, die Asternpflänzchen – alles niedergewalzt und durchlöchert. Da habe ich geharkt, gegraben, Quecken gejätet, gewässert, und ein Hagelschlag vernichtet, was die Sonne liebevoll hervorgestreichelt hat.

Ich habe das Gefühl, in der Maikühle zu schrumpfen wie ein Herbstblatt.

Zwei von der FDJ-Kreisleitung wegen der Jugendweiherede.

»Du mußt dich natürlich nicht an unsere Vorgaben halten.«

Ich sage zu.

Timm: »Deswegen sind die extra hierhergekommen?«

»Na und?«

»Na ja, was sollen die denn sonst auch machen.«

Angst, ohne zu wissen, wovor.

Wieder in das Bett gegangen.

Bis Mittag geschlafen.

Dieses »Was sollen die denn sonst auch machen ...« will mir nicht aus dem Kopf. Welch eine leichtfertige, ungerechte Methode, zu verallgemeinern:

»Die da oben ...«

»Alles Phrasendrescher ...«

»Die sind doch alle gleich ...«

Wollen junge Leute wie Timm nicht differenzieren?

Wo bleibt die Bereitschaft zur Toleranz?

Ich mache meinen Sohn auf diesen Mangel im Verhalten zu seinen Mitmenschen aufmerksam.

Antwort: »Na, dreschen die denn nicht alle bloß Phrasen?«

Meine Frage: »Ist das nicht auch eine Phrase?«

Der Schafscherer aus Zickhusen, Gerhard W. Dieser kleine, schmächtige Mann mit der spitzen Stirn packt den Bock und klemmt ihn zwischen seine Oberschenkel. Der Paul strampelt und stößt mit den Hörnern um sich. Gerhard bindet ihm die Beine zusammen und setzt die Schere an.

Ein Fließ flauschiger Wolle.

Der Anblick des nackten Tieres macht mich frieren;

ich gehe in das Haus und ziehe den wollenen Pullover über.

Unweit des Schafbarbiers hockt mein Sohn im Grase und dengelt die Sense. Gerhard gibt ihm ein paar Hinweise.

»Mittelalterliche Arbeit«, sagt Timm.

»Man kann nicht genug lernen«, antwortet der andere.

Flüsternd gesteht er mir, daß er vor Jahren auch nicht so gedacht hat; daß er als Neunzehnjähriger alle Dreißigjährigen als Oldies, alle Vierzigjährigen als Grufties bezeichnet hat.

Timm probiert die geklopfte Sense.

»Die haut hin!«

Und dann: »Stell dir vor, damit haben die sich früher die Bäuche aufgeschlitzt.«

Timm über einen alten Mann: »Dem rieselt doch schon die Friedhofserde aus der Hosentasche.«

Von der Weide am Alandsberg kommen die Schreie der Melker. In der Nacht sind die jungen Stiere ausgebrochen.

Wer darf schon laufen, wohin er will; mit Stockschlägen werden sie wieder eingefangen.

Am Zaunpfahl die Windenranke. Mit weißen Blütenbechern schöpft sie Sonne aus dem Morgenwind.

»War da jemand an der Haustür?«

»Zwei Typen mit Rucksäcken aus Berlin. Die wollten sehen, wie du hier lebst. Als wären wir Affen im Zoo.«

»Hättest sie doch zu einem Tee einladen sollen.«

»Du weißt auch nicht, was du willst. Kommen Leute, gehen sie dir auf den Wecker, schicke ich sie weg, meckerst du.«

Der Sohn des Schmiedes aus Dambeck knattert mit dem reparierten Moped von Timm über den Feldweg.

Ich rüttle meinen Filius munter. »Kannst doch dem Zwölfjährigen nicht einfach das Moped überlassen ..., wenn da was passiert ... Papiere hat er auch nicht ...«

Mein Sohn räkelt sich.

»Wie soll er fahren lernen, wenn er nicht fährt?«

Je mehr Einsicht, desto mehr Nachsicht, sagt ein alter Spruch. Aber hier kann es keine Nachsicht geben. Hier geht es um Gesundheit, um Leben, da kann nicht lange debattiert werden.

Ich warte, bis Timm vor das Haus kommt. Er klopft mich auf die Schulter.

»Hast ja recht.«

Timm und M. beim Federballspiel.

Im Radio Nachrichten über schleppende Verhandlungen zu Abrüstungsfragen.

Der Junge und das Mädchen quieken und lachen.

Ich schalte das Radio aus.

»Hast Regenwürmer?«

»Im Garten ist es zu trocken.«

»Warst auf dem Acker vor dem Hause?«

»Dort gibt es doch erst recht keine; die sind alle totgedüngt; wir müssen am See versuchen.«

Vor Sonnenuntergang rollt ein schwarzer Tschaika vor das Haus.

Timm ruft: »Vater, da kommt was Hohes!«

Vor der Haustür mein Freund Wolfgang Sp. und – Professor S., lange Zeit Präsident der Landwirtschaftsakademie, jetzt im Ruhestand.

Der alte S. Ich erinnere mich, interessante Vorlesungen über Genetik bei ihm im Institut an der Universität Halle gehört zu haben. Was mag er wollen, frage ich mich und bitte ihn in das Haus.

»Später«, sagt der Mittsiebziger, »später, jetzt will ich erst eine halbe Stunde lang Unken läuten hören.«

Wolfgang Sp. steht seit Jahren in Verbindung mit dem Professor; gelegentlich besuchen sie sich.

»Als er von den Unken hörte«, sagt mein Freund Sp., »war er nicht mehr zu halten.«

Sonntagmorgen am See. Wir sitzen auf einem schmalen Bootssteg, starren auf das Angelflott. Das Wasser dampft. Die Schilfhalme schweigen bewegungslos wie windleere Fahnen im Morgenrot.

Wo der Schilfgürtel zu Ende ist, liegt ein Schwanenpaar. Die Vögel haben die Köpfe unter die Flügel geschoben, ein Bein lang nach hinten ausgestreckt. Unmerkliche Strömung treibt die beiden weißen Inseln auf das offene Wasser hinaus.

Unweit der Schwäne die Bleßralle mit ihren fünf Jungen; dunkle Klößchen auf den winzigen Wellen.

Wir hocken da, genießen die Stille. Einer hört den anderen atmen. Die Angelpose ruht unberührt; kein Biß.

Ich ärgere mich nicht, daß die Barsche keinen Hunger haben. Mir genügt es, zu sitzen, zu düseln, in das schmale Gesicht meines Jungen zu blicken, zu schweigen.

Und ich habe das Gefühl, er ist auch zufrieden so.

Am Wege die alte Bank.

Die krummen Beine tragen Söckchen aus Löwenzahngold.

Am Giebel auf dem Leitungsdraht ein junger Kuckuck. Er bettelt, giert.

Manchmal komme ich mir meinem Sohn gegenüber vor wie die Feldlerche, die den großen Kuckuck jetzt füttert.

»Kommst so spät?«

»Versammlung.«

»Worum ging es?«

»Immer dasselbe; daß wir für den Frieden sind, daß wir die Pläne erfüllen müssen.«

Später: »Wie selbstherrlich diese Leute sind, die da Reden schwingen. Als wären sie der liebe Gott.«

Später: »Es sagt doch keiner mehr was in der Versammlung. Alle halten das Maul. Wozu auch reden? Die wissen doch alles besser. Wenn die doch die Leute bloß mal sagen ließen, was sie denken. Warum kann man das nicht?«

Timm ist in den letzten Tagen unruhig, unkonzentriert. Was mag ihn beschäftigen?

Antwort: »Bildest du dir nur ein.«

Am Dorfteich zwei erregte Jungen. Sie haben Borkenschiffchen geschnitzt und auf das Wasser gesetzt. Nun treibt der Wind sein Spielchen mit den Kähnen; sie driften in das Schilf.

Der Kleine von den beiden stampft mit dem Fuß auf. »Verdammt, was machen wir jetzt?«

Der Große wirft Erdbrocken nach den Nußschalen; auf den entstehenden Wellen schaukeln sie sachte wieder auf das Ufer zu. Der Junge lacht. »Siehst du, zuerst wollten sie machen, was sie wollen, jetzt müssen sie tun, was ich will.«

Morgensonne in maigrünen Hosen.

Rapsfeld – goldenes Parkett für tanzende Bienen.

Im Tiefflug über die Hügel hinweg die Düsenmaschinen.
Die Bäume zittern.

Ohne Unterlaß singt die Maulwurfsgrille.
Immer im Dunkeln.

Alles zur rechten Zeit – eine Erfahrung, die wir unser Leben lang hinnehmen müssen.

Alle Birken, die Timm mit mir im Herbst am Hohlweg gepflanzt hat, sind vertrocknet.

Förster V. hatte geraten, bis zum Frühjahr kurz vor dem Blättertreiben zu warten.

Unkraut vergeht nicht, wo der Rücken zuwenig krumm gemacht wird.

Aber: Was ist Unkraut?

Gibt Melde nicht einen vitaminreichen Salat?

Ist ein Kamillenumschlag nicht schmerzlindernd?

Läßt sich aus Huflattich nicht Tee bereiten?

Möge das Unkraut nie ausgehen, damit der Rücken geheilt werden kann, wenn er zuviel krumm gemacht worden ist.

Wie lange muß man doch oft graben, ehe man auf Wasser stößt!

»Geh zum Zahnarzt!«

»Das hat Zeit.«

»Liefere die geborgten Schallplatten wieder ab!«

»Das hat ...«

Junge Leute haben wohl immer Zeit und haben wohl immer keine – je nach Laune.

Um den Büchsenöffner aus der Speisekammer zu holen, hat Timm keine Zeit; er säbelt das Blech einfach mit dem Küchenmesser mittendurch.

Endlich habe ich Timm überredet, die zerfrorenen Dachziegel auszuwechseln. Kaum sitzt er auf dem First, flattert vom OLL MUUR her ein erregtes Geschrei.

Der Junge hopst gleich von der obersten Leitersprosse in das Gras und rennt.

»Mal 'n Auge werfen, was da kaputt is.«

Nach wenigen Minuten ist er zurück, schleppt ein altes Kettenende aus der Scheune, schultert es und läuft wieder fort.

»Da is ein Hänger umgekippt; muß helfen.«

Verdammt! Und wer hilft mir, daß der Mörtel nicht naß wird? –

Ich steige auf das Dach und verlege die Steine selber.

Ich glaube, mir hat es als Junge auch mehr Vergnügen bereitet, beim Nachbarn statt bei meinem Vater zu wirtschaften.

Am Fenster eine Fliege. Sie prallt gegen die Scheibe, als dürfte, wo sie nichts sieht, nichts sein.

Ich verhalte mich zuweilen auch nicht anders.

Ansegeln, anangeln – ich fahre mit M. und Timm zum Anbaden am WOHLENBERGER WIEK. Kein Lüftchen weht. Drückende Hitze. Am Strand Menschen, Menschen. Vom Fließband, wo sie sitzen, einer neben dem anderen, sind sie geflohen, sich zu erholen am Strand, wo sie nun liegen, einer beim anderen.

Campinglager, Zeltlager, GST-Lager, Lager für Erholung und Arbeit, Feldlager, Wintersportlager, Sommerlager, Spezialistenlager – Lager ... Lager ...

Ich lasse mich ein auf ein Wettschwimmen. Mein Sohn läßt mich siegen. Ich jappe nach Luft wie eine gehetzter Hund und frage: »Warum?«

Antwort: »Sollst auch mal ein Erfolgserlebnis haben.«

Ich lasse mich treiben, Bauch oben.
Da driftet neben mir ein Fisch, Bauch oben.

Gespräch mit M.
»Warum gehst du nicht ins Wasser?«
»Muß das lesen.«
Sie zeigt mir das »Lexikon der Antike«.
Mein staunendes Gesicht.
Ihre Antwort: »Damit ich die Kassandra von der Christa Wolf verstehen kann.«

Im Buchenwald. Ich trau meinen Augen nicht. Da purzelt ein zappelndes, dunkles Knäuel aus der Baumkrone. Gleich darauf noch eins. Ich verharre einen Augenblick. Dann setze ich so geräuschlos wie möglich einen Schritt vor den anderen bis zu einem Buchenstamm. Von ihm gedeckt, sehe ich die winzigen Federbällchen auf ein Himbeergebüsch zurennen. Von dort her vernehme ich ein verhaltenes: Wack, wack, wack ...

Darauf antwortet ein zartes Getüde, wie ich es von Hühnerküken kenne.

Ich taste mich bis zum nächsten Buchenstamm. In diesem Moment trudelt eine Stockente aus dem Beerenbusch. Mit hängenden Flügeln tänzelt sie einen Kreis und schreit erregt: Quähk, quähk, quähk ...

Dieses Verhalten kenne ich; ich habe es schon bei Rebhühnern beobachtet; die Altente will mich von ihrer Brut locken, stellt sich flügellahm.

Ich bleibe wie angewurzelt stehen. Der Vogel täuscht mich noch eine Weile, merkt dann aber, daß ich nicht darauf reagiere, und huscht sichernd wieder zwischen die Beerenstöcke.

Stille.

Zehn Minuten? – Fünfzehn? – Ich weiß nicht, wie lange mich die Neugier an den Baumstamm lehnt. Die

Ente wird über alle Berge sein, denke ich. Aber meine Geduld wird belohnt. Ich höre wieder das lockende Wack, wack, wack ...

Und wie auf Abruf kugelt das nächste Entenküken durch die Luft. Schlägt auf den weichen Waldboden, rappelt sich auf und flüchtet in den Strauch.

Mein Blick steigt die Buche hinauf bis zu einer Astgabel. Dort das Nest – wahrscheinlich ein verlassener Bussardhorst.

Ob die Altenten diese verwaiste Brutstätte in der Baumkrone als Kinderstube gewählt haben, um ihre Jungen gleich am ersten Lebenstag mit diesem Sturz auf die Härten des Daseins vorzubereiten?

Regungslos das Fenster des Teiches in der Frühsonne.

Die Fische sind noch zu müde, um es aufzustoßen.

Mit der einsickernden Abenddämmerung landet eine Taube auf dem Dach. So wie ein Mensch den Regen vom Mantel schüttelt, bevor er das Haus betritt, puschelt sie das Federkleid aus, ordnet es wieder ohne Hast, dreht den Kopf mal in diese, mal in jene Richtung wie einer, der sich die Landschaft ansieht.

Sprich, Taube, wo bist du aufgestiegen? Wohin zieht es dich?

Trägst du eine Kapsel am Bein mit einer Nachricht von Freund zu Freund?

Oder geheime Befehle in Sachen Krieg?

Der Morgen graut. Ich trete vor die Haustür, schnappe Tauluft. Da wird mein Blick in Richtung Dach gerufen; das leise Flügelschlagen der Taube. Als hätte sie auf mich gewartet, um mir auf Wiedersehen zu sagen.

Das Tier fliegt zwei gezackte Orientierungsrunden und dann geradewegs ab nach Norden.

Komm gut an dein Ziel. Taube!

An der Bus-Haltestelle die Kinder des Dorfes; gleich muß der Schulbus auf den Plan rollen.

Ein kleines Mädchen singt: »Milka, zarteste Versuchung ...«

Eine einschmeichelnde Melodie mit diesem Werbespruch aus dem westdeutschen Fernsehen. Die Werber wissen, was wirkt.

Eine laue, trockene Nacht. Timm ist in die Stadt gefahren. Ich aale mich im Gras vor dem Hause, gucke in den Himmel. Er ist hoch, klar, vollmondhell. Die Sterne leuchten kräftig.

Ich erinnere mich an einen Augustabend im Ferienlager ARTEK am Schwarzen Meer. Neben mir hockt ein dunkelhäutiger Junge. Er blickt wie gebannt zum Himmel und sagt voller Bewunderung: »Wie schön! – So was habe ich noch nie gesehen.«

Das Kind kam aus einer Industrielandschaft der USA.

Jetzt zieht ein winziger, strahlender Punkt in mein Blickfeld, ein »Sputnik«. Ich verfolge den rasanten Flug des Raumkörpers von Nord nach Süd. Ein paar Minuten verblaßt für mich der helle Sternenhimmel.

Schwüle, die in die Knie zwingt. Mit einer unmerklichen Luftströmung zieht der Güllegestank aus der Schweinemastanlage Losten herüber. Die Landschaft stinkt wie eine Kloake.

Mir ist hundeelend. Ich möchte mich betrinken. Ich war zur Vorstandssitzung des Verbandes, bin über Nacht in Rostock geblieben und finde jetzt einen Zettel auf dem Tisch. »Tschüs! Ich laß mich demnächst mal sehen.«

Das Zimmer von Timm ist ausgeräumt.

Wohin ist er gezogen?
Warum heimlich?

Auf der Fensterscheibe ein Regentropfen; Träne des Schmerzes einer wandernden Wolke.

Der Wind hebt ihn vom Glas und zersplittert ihn in viele kleine Schmerzen.

Wenn der Vogel fort ist, untersucht man den Käfig, heißt es. Ich suche durch die Zimmer, als könnte ich ihn irgendwo finden.

Woran kann ich mich nun erwärmen?
Woran abkühlen?

Ich befehle mir: Nicht so albern, Alter! Du fühlst dich in deiner Eitelkeit gekränkt, weil dich der Junge nicht informiert hat. Bei seiner Spontaneität ist dieser stillschweigende Umzug zu erwarten gewesen.

Seit früh überlege ich: Fährst in die Werkstatt? – Fährst nicht in die Werkstatt.

Bloß nicht zum Popanz machen!

Ich fahre nicht.

Am Abend Wolfgang S., unerwartet, grinsend. Ich erzähle ihm, daß Timm mit Sack und Pack verschwunden ist.

Ich stelle alle möglichen Mutmaßungen an, wo der Bursche untergekrochen sein könnte.

S. genießt eine Weile meine Trübsinnigkeit. Endlich sagt er: »Ich soll dich grüßen von deinem Jungen; er wohnt in unserem Dorf bei seinem Bekannten, dem Korbflechter.«

Ich laufe über die Koppel, werfe mich auf ein Grasschwad, stecke die Nase zwischen die Halme. Rieche den würzigen Duft der Gräser.

Ein Augenblick, wo das Leben so vollendet scheint, daß ich sterben möchte.

ISBN 3-371-00188-1

1. Auflage
Lizenznummer: 48-48/59/88
LSV 7001
Lektor: Annelie Kaduk
Gesamtgestaltung: Gerhard Medoch
Printed in the German Democratic Republic
Gesamtherstellung: Druckhaus Aufwärts, Leipzig III/18/20-473/88
Bestellnummer: 695 715 8
00820